공평한 세상은 내가 만든다

천준집 제4시집

시음사
시사랑음악사랑

시인의 말

시집을 출간한다는 것은 관객 앞
무대에서 옷을 벗는 일이라고 생각합니다.
몸매가 뛰어나고 예술적이면
관객들에게 환호와 박수를 받겠지만
무너진 몸매는 야유와 실망을
초래하기 때문입니다.
시를 쓰는 것이 어려운 것이 아니라
시가 독자분께 다가가는 것이
더 어렵다고 저는 생각합니다.
저의 4집을 읽고 단 한 편이라도
가슴에 울림을 주는 글이 있다면
저는 무대에서 발가벗긴 채
내동댕이쳐지진 않겠지요.
4집을 출간하게 된 동기는
문학이 추락하는 과정을 보며 오랫동안 망설이다가
그러던 어느 날 저의 글 중 낭송
작품에서 댓글난에 저의 시집을
간절하게 찾아도 구할 수가 없다는

댓글을 읽고 난 후 단 한 분의
독자님을 위해서라도 4집을
출간해야겠다고 결심했습니다.
저의 4집에는 바람과 구름, 비
그리고 꽃, 사랑, 이별, 인생의
애환이 담겨있습니다.
저의 4집을 읽으신 독자님 고맙습니다
부디 아프지 말고, 건강 잘 돌보시고
행복한 날 되시길 응원합니다
독자분 모두 존경하고 사랑합니다.

시인 천준집

- 목차

독자분과의 대화 ·· 8
깊은 물 ··· 10
소나기 ··· 11
사랑하는 사람에게 ································· 12
어머니 ··· 13
가을이 오면 ·· 14
나는 아직 그를 다 알지 못했다 ··········· 16
꽃 ·· 18
꽃과 나비의 사랑 ··································· 19
이별 통보 ·· 20
꿈속에서 ·· 22
좋겠습니다 ·· 24
만남에 대하여 ·· 26
장미 ·· 27
가을 통증 ·· 28
공평한 세상은 내가 만든다 ·················· 30
기차를 놓쳤습니다 ································ 32
보이지 않는 곳에서 누군가 ·················· 34
움직이는 꽃 ·· 35
매일 만나는 애인 ··································· 36
이별은 ··· 38
늙은 내 모습 ·· 39
헤어진 여자가 그리운 날 ······················ 40

다행입니다 ······················· 42
목련 ································ 44
주문을 외우다 ················· 45
들꽃을 보며 ···················· 46
울고 싶은 날은 ················ 47
내 생각 ··························· 48
초록으로만 살고 싶다 ······ 55
그들은 내게 ···················· 56
늙어가는 나에게 ············· 58
그리움 한 잔 ··················· 60
돈 ··································· 61
노인의 눈물 ···················· 62
나는 대한민국에서 살고 있다 ······ 64
아름다운 이별 ················· 66
영일대 해수욕장 ············· 68
괜찮다 ···························· 69
헤어져 있어 더 그리운 사람 ········ 70
당신은 어디에 계신가요 ··· 72
어느 날 누군가 보고플 때 ·········· 74
삶이란 ···························· 76
아름다운 마음 ················· 77
눈높이를 낮추면 ············· 78
바람 부는 오월 ················ 79

- 목차

당신에게 ·· 80
청혼 ·· 82
나도 들꽃처럼 살고 싶다 ···················· 84
아버지의 찬밥 한 덩이 ························ 86
지금 내 가슴 속엔 ································ 88
버리고 나니 아름다워라 ······················ 89
수선화 ·· 90
먼지 ·· 91
지금 ·· 92
세월 ·· 93
다시 피고 싶었습니다 ························ 94
욕심의 온도 ·· 96
너에게 ·· 97
사랑은 무엇인가 ································ 98
가을 남자 ·· 99
사랑하는 사람아 ······························ 100
내가 살아가는 이유 ·························· 102
사랑할 때가 더 외롭다 ···················· 104
가을 사랑아 ······································ 105
살아가면서 ·· 106
별빛 그리움 ······································ 107
너 ·· 108
내가 할 수 있는 것은 ······················ 109

당신입니다 110
애원 111
안부 112
벚꽃이 필 때면 113
나 그렇게 살고 싶습니다 114
내가 살아온 동안 116
더 가까운 곳으로 117
잊히지 않는 그대 118
6월의 사랑 꽃 120
내 마음에 입춘 121
주위를 둘러보라 122
나무 123
공간 124
함께 있는 동안은 행복했다 125
하늘에는 126
너를 위하여 127

QR코드 스마트폰으로 QR 코드를 스캔하면
시낭송을 감상할 수 있습니다

제목 : 괜찮다
시낭송 : 박영애

제목 : 사랑하는 사람아
시낭송 : 박영애

제목 : 나 그렇게
　　　　살고 싶습니다
시낭송 : 박영애

영상은 YouTube 정책 또는 운영 관리에 따라 삭제될 수도 있습니다.

시인은 자연을 이야기하고 시낭송가는 자연을 품었다
글자는 날개를 달아 언어로 날고 소리는 자연에 눕는다

독자분과의 대화

제가 묻는 말이 어떻게 느껴지시는지요?

당신은 선물 받은 시든 꽃이 있다면 어떻게 처리하십니까?

저는 꽃이 시들면 가급적 벽에다 걸어두고 결국 버려야 할 때 소중한 사람의 얼굴을 한 번 더 떠올립니다.

당신은 119를 타고 응급실에 실려 간 적이 있으신가요?

저는 생각지도 못하게 119 신세를 졌습니다
그때는 정말 죽는구나 하고 생을 단념할까도 했습니다.
가장 먼저 어머님이 생각나고 살면서 남들에게 잘못한 것을 용서받고 싶더군요.
그리고 한 순간에 모든 욕심을 내려놓게 되더라고요
그땐 잠시나마 마음이 편안했습니다.

당신은 비 오는 날 갑자기 외로움을 느껴보셨나요?

저는 비가 오면 정말 고독을 느낍니다
그럴 때마다 차를 마시거나 노래를 흥얼대는 버릇이 있지요
비는 늘 누구에게는 아픔을, 고독을, 슬픔을 데려오나 봅니다.
그래서 비 오는 날 글을 쓰면 저의 마음이 젖어옵니다만.
당신도 비가 오면 글을 한번 써보십시요.
마음에 꽃이 피어날 수도 있을 테니까요….

깊은 물

얕은 물은 소리가 난다
저녁 강가에서 얕은 물길에
발을 담그고 노을길 그리움을 보면
얕은 소리가 난다.

인생 항로,
얕은 소리에 귀 기울이지 말고
깊은 소리를 들으라
깊은 물은 소리가 없다.

묵직하게 그 깊이에 젖으면
넓은 세상이 보인다
저녁 강가에 흐르는 강물은
소리가 난다.

얕은 물에 귀 기울이지 말라
가벼운 것들은 소리를 낸다
당신도 깊은 물이 되어
세상을 안아보라.

소나기

소나기가 퍼부을 때는
두려워하지 마라
어차피 다 지나간다
세상에서 가장 더러운 것들은 물방울이 된다
들에 핀 들국화도
저 나무도,
저 꽃잎도, 물방울이 된다
두려워하지 마라
지나간다
모든 것은 다 훑고 지나간다
순간의 고통이 끝나면
무지개는 피나니.

사랑하는 사람에게

사람이 사람을 사랑하는 것은 아름다운 것입니다
사람이 사랑 때문에 헤어지는 일
그것은 슬픈 일입니다.

만나고 헤어지는 일은 사람이 만드는 것입니다.
그렇습니다.

사랑하는 사람이 행복해 보여도
더 베풀 것이 없는지 고민해야 합니다.

혹시 피치 못할 오해 때문에 그가 돌아서더라도 오랜 시간 더 기다려 줍시다.

사랑하는 사람이 슬퍼 보인다면 가까이 다가가 손 한 번 잡아 줍시다.

베푸는 일....
손잡는 일....
사랑한다는 말....

그것이 사랑하는 사람을 위하는 것이라면
뭐 그리 어려운 일이겠습니까.

사랑은 흐르는 물에도 뿌리를 내리는 것을.

어머니

어머니!
오늘은 당신 생각이 간절합니다.
웃고 배부르면 잊고 지내는 당신 생각
오늘은 왠지 너무도 가슴이 아립니다.
얼핏 생각에 아직도 엄마가
살아 계신 것만 같은데
우리 곁에는 없습니다.

어머니의 육체를 화장하여
절구통에 빻아서 어느 솔밭에
뿌렸습니다.
너무도 크고 무거운 죄를
짓고 돌아왔습니다.
행복하고 배부르면 잊고 사는 엄마 생각
그러나 그럴수록 엄마의 육체는
개미들의 밥이 됩니다.

한 번도 꿈속에 나타나지
않으신 우리 엄마
살아계실 적 좀 더 잘해줄걸
왜 이리 가슴이 무너집니까

단 한 번만이라도 꿈속에서 뵙고
그곳 생활이 어떤지
꼭 물어보고 싶습니다.

가을이 오면

헤어진 여자는 잊어라, 그 말에
저는 동의할 수 없어요

열대야와 잠시 씨름하다 보니
당신을 잠시 잊었을 뿐
하지만 가을꽃이 만발하니
당신이 생각났습니다.

커피숍을 지날 때
혹은, 노래방 간판을 물끄러미 쳐다볼 때
당신이 더 생각났습니다.

당신과 헤어진 후 가을이 오면
더 간절하게 가을 속으로 빠집니다.

곁에 있을 때 잘해 주었다고 생각하지만
돌이켜 생각해 보니 당신에게 부족한 것이 많았지요

더 지켜주지 못했고....
더 사랑하지 못했고....
더 고마워하지 못했고....
바보 같은 이 사람이

그것이 지금에 왔어야 가슴에
가시가 걸린 것처럼 이렇게
아플 줄이야....

세상에 많고 많은 사람 중에 당신을 만나
그 영롱한 향기와 빛깔은 그대로 남았건만

당신은 지금 어디서 무엇을 하고 계십니까....
소식이나 한 번 주면 어때서

가을이 오면 감나무 밑을 걷던
추억도 생각납니다.

이제 가을의 꽃밭에 당신의
향기를 풀어놓습니다.

나는 아직 그를 다 알지 못했다

세상에서 가장 예쁜 여자
심장을 뛰게 하는 여자
입술이 예쁜 여자
애교가 없는 여자
가장 사랑스러운 여자
질투가 많은 여자
그의 비밀을 알고 싶은 여자
가장 사랑해 보고 싶은 여자
가냘픈 여자
우아한 여자
바보 같은 여자
가장 착한 여자
향기로운 여자
손이 예쁜 여자
슬픈 여자
매력이 많은 여자
나를 설레게 하는 여자
함께 뜬눈으로 이야기하고픈 여자
절대로 사랑해서는 안 되는 여자
가장 조심스러운 여자
발이 예쁜 여자

딱 한 번 연애만 하고 싶은 여자
가장 신경 쓰이게 하는 여자
살림을 가장 못 할 것 같은 여자
이름이 예쁜 여자
눈이 예쁜 여자
예술을 하는 여자
멍청한 여자
그리고 얼음장 같은 여자

그래도
나는 아직 그를 다 알지 못했다

지금껏 그녀의 껍질만 봐 왔을 뿐
실루엣 속에 감춰진 진짜 비밀은....

그녀의 따스하고 잔잔한 미소 뒤
가슴 아린 슬픈 사연이 있었다는 것을

그러나 나는 아직도 그를 다 알지 못했다

얼음장처럼 차가웠다가
때론 한 잎의 가을 단풍이었다가
때론 수선화 같은....

꽃

어느 날 당신을 만났습니다

가녀린 꽃대를 세우고 분홍빛
치마를 두른 당신은 한 송이 귀한 꽃이었습니다

당신의 향기에 취해 그저 묵묵히
당신만 바라보기엔 당신은
너무도 가냘픈 꽃이었습니다

그런 당신을 사랑하고도
하염없이 그리워하고
당신을 보고 돌아서면 이내
눈 속에 밟혔습니다

비가 오면 비에 젖을세라
바람에 꺾일세라 당신을 지켜야만 했습니다

내게 오신 당신이 너무도 애달파
오로지 당신 위해 살겠노라고
간절히 맹세 하여 봅니다.

꽃과 나비의 사랑

어느 산골 외진 곳
운명처럼 다가온 만남
꽃과 나비는 그렇게 사랑했다
함께 사랑할 수 있는 날이
짧은 걸 아는 듯
둘은 죽도록 사랑했다
서로의 허물을 덮으며 사랑했다
꽃은 향기만 있을 뿐 날 수가 없었고
나비는 날개만 있지 향기가 없었다
꽃과 나비는 서로가 부족한 걸
채워주며 그렇게 사랑했었다
겨울바람에 둘은 허물어지고
다시 찾아온 따스한 봄날
서로의 재회가 애처롭다
이렇듯 우리의 인생도 서로의
허물을 덮어주며 사랑한다면
정녕 이별은 없을 것을.

이별 통보

그는 아무런 답도 없습니다
머릿속을 스치는 불안한 예감
이별 통보를 받았습니다
이유가 무엇인지 답답합니다
곰곰이 생각해 봐도 도무지 알 수가 없습니다
아직도 추억은 폐부 깊이 남았는데
그대를 사랑한 내가 더 초라해
지기를 바라는 건지
그는 아무런 말이 없습니다
그래서 이유도 모른 채 이별 통보를 받았습니다
사랑합니다.
보고 싶습니다.
수없이 속삭이던 말들이
참 우습게 되었습니다
그대에게 다가간 것이 참으로
죄송하게 되었습니다
애써 담담한 척해 보지만
속은 까맣게 타고 눈물이 납니다
아직도 그는 아무 말이 없습니다

나는 이유도 모른 채 고개 떨구고
괜찮다고 괜찮다고 나를 위로해 봅니다
그는 잎 넓은 꽃이었고
연둣빛 키 큰 줄기였습니다
이제 그가 누굴 만나더라도
행복하길 빕니다
그대와 나는 남남인 까닭에
그와의 노을빛 추억은 가슴에
꼭꼭 묻어두겠습니다.

꿈속에서

당신과 꽃길을 걸었어
힐끔힐끔 쳐다본 당신은
여전히 아름다웠지

우아하고 향기 짙은 자태에
손잡고 걸어간 시간은 행복이었어

내 마음이 금방 탄로 날 것 같아
차마 너에게는 말할 수 없었어
사랑한다는 그 말이 뭐 그리 어렵다고....

그냥 당신의 눈빛만 봤어

사랑한다고 말해버리면 당신이 달아날까 봐
아무렇지 않게 그냥 걸었어

너는 나에게 아무 말도 하지 않았어
보고 싶었다는 말이 뭐 그리 어려워서
한마디만 해주면 어때서

그냥 눈빛만 주었지....

사랑한다고 말하고 싶었지만
당신이 달아날까 봐 아무 말도 못 했어! 어려운 말도
아닌데.

후회하고 깨어 보니 꿈이었어
파란 별들이 속삭이는 밤
창문을 열고 들어온 몽롱한 꿈이었어

향긋한 그녀의 머리 냄새는
간밤에 시켜 먹고 쏟은 콜라의 잔량이었어

좋겠습니다

죽겠다, 는 말은 어찌 보면
게으른 사람들의 비명으로 들립니다.

그러나 좋겠다, 말은
죽겠다는 사촌쯤 되나 봅니다
당연히 때가 되면 봄은 오고
꽃도 필 것입니다.

건강하면 좋겠습니다.
행복하면 좋겠습니다.
얼마나 좋은 말들입니까

그다지 어려운 주문은 아니라는 것
누구나 바라는 희망이 아니던가요

이 세상에 공짜로 얻어지는 것은 없습니다.

건강과 행복은 노력해야만
겨우 얻을 수 있는 특식이지요.

나는 오늘도 좋겠다.
의 주문을 외웁니다

시린 겨울이 빨리 지나고
봄이 와서 꽃이 피면 좋겠습니다.

문득문득 몸이 보내는 불안한 신호
안 아프고 건강하면 좋겠습니다.

가난서 벗어나 행복하면 좋겠습니다.

행복한 만큼 나눌 수 있으면 좋겠습니다.

좋은 사람들과 끊임없이 사귀고 나누면 참 좋겠습니다.

만남에 대하여

사람을 만나 죽도록 사랑하고 헤어지는 일도 사람이 만드는 일입니다.
그렇습니다
이별을 하는 일이 고통이라면
그 고통을 만드는 것도 사람입니다.
사람이 사람을 만나 사랑 때문에 웃지만
그 사람 때문에 아프고
그 사람 때문에 눈물도 흘립니다.
사람이 사람을 사랑하는 일 그것은 화분에 꽃을 키우는 일입니다.
그렇습니다
살아간다는 것은 사람 때문에 즐겁고
사람 때문에 때로는 막막하기도 합니다.
우리는 살기 위해 울타리를 치기도 하지만
대문을 열기도 합니다.
우리는 헤어짐이 힘든 줄 알면서도 또 사람을 만나고 그리워합니다.
그것 또한 사람이니까 그렇습니다.
사람을 사랑하는 일 그것은
언젠가 헤어짐을 예감하면서도
사랑하는 것입니다.
그렇습니다. 사람이니까 그렇습니다
결국 만남과 이별 그리고
행복과 눈물은 모두가 사람이 만드는 일입니다.

장미

담장에 장미가 피었네요
저 장미를 보노라면 그대가 생각이나
내 가슴에도 그대가 피었네요
비 오는 날 장미가 피었네요
내 마음 비에 젖어 젖어
그대를 찾아가네요
당신이 슬프면
내 입술을 깨물며 혼자 웁니다
푸른 별 보이는 밤 장미가 피었네요.
내 마음 그대에게 젖어 젖어
당신의 가시가 나를 아프게 해
밤새 장미가 붉게 피었네요.

가을 통증

유난히 가을만 되면 떠나고
싶어지네요.
어딘지는 묻지 마세요
나만 외로운 것인가요
당신은 단풍이 물들 때 설레지 않던가요
가을이 몰고 온 그리움 속에
가을이 찾아오면 가슴이 아립니다.
세월을 훑고 지나간 시간 속에
멍하니 있어도 떠오르는 선명한 이름
단풍잎 한 장에 떠오르는 선명한 얼굴
오늘 가을 단풍이 유난히 붉게 보이는 것은
문득 그 사람이 보고 싶기 때문입니다.
허한 마음에 숲길을 걷고
가을바람을 마셔보았건만
가슴에 가시처럼 박힌 고독은 지울 수가 없네요
길을 걸어도
단풍을 보아도
외로움은 마찬가지
내 마음 앗아간 이 계절
가을은 참 아프네요

온몸에 번지는 아물지 않는
가을 통증
누구에게나 숨기고 싶은 가을의 비밀
보이지 않은 나만의 기억들
오늘은 왠지 오래전 책갈피 속에
넣어둔 단풍잎 찾은 것처럼
그 사람이 진정 보고 싶은 까닭입니다.

공평한 세상은 내가 만든다

나만 힘들다고 불평하지 마십시오
다른 누군가는 지금 칼날 위를 걷고 있을 겁니다

숱한 날들을 살아오면서
슬픈 기억이 있다면 지워버리십시오.

슬퍼한다고 해서 마음에 꽃이 피는 일도 아니오.
건강한 일도 아니지 않습니까.

수많은 세월을 살아오면서
괴로운 일이 있다면 잊어버리십시오.

괴로워한다고 해서 마음이 평화로운 것도 아니오.
행복이 오는 것도 아니지 않습니까.

사막을 벗어나면 초원을 맞이하듯이

지금, 이 순간 터널을 지나더라도
반드시 빛이 보이는 세상은 나올 테니까요.

나만 힘들다고 울부짖지 마십시오.
다른 누군가도 지금 벼랑 끝에 서 있을 겁니다.

신이 있다면 가혹함은 공평하게 줄 것입니다.

말을 잘하는 사람은 예쁜 입을
글을 잘 쓰는 사람은 깊은 생각을
남을 잘되게 하는 사람은 넓은 가슴을

물이 절실한 사람에겐 가뭄을....
햇볕이 절실한 사람에겐 홍수가....

그러나 모든 것을 헤치고 나가는 것은
개인의 몫이라고 신은 말합니다.

주위를 둘러보고 많은 것을 깨치고
많은 것을 나눠야 합니다....
신은 말합니다..

모든 것은 공평하다고...

기차를 놓쳤습니다

거리를 걷습니다
레온 불 숲속을 걷고 있습니다
오늘도 가진 것 없는 빈곤한 마음으로
혼자서 걷고 있습니다.

헤어진 애인을 생각하며
삶이 힘들다, 넋두리해 보지만
가슴만 답답합니다.

지난 세월을 돌이켜 보면
내 삶은 가시밭길이었습니다
내일 잘살아 보겠다고 다짐하건만
삶은 나아질 리 없을 것 같습니다.

마지막 기차를 기다립니다
궂은비 내리고 마음은 찬데
마지막 기차를 놓쳤습니다.

허무와 이별 같은 서러움으로
또 하룻밤을 걱정하는데
세월은 그렇게 흘러 일기장에 적습니다.

헤어진 애인이 생각나는 날에
기차를 놓쳤습니다.

휘청이며 비틀대며 밤 숲을 걷습니다
삶이 나아질 리 없습니다
마지막 기차를 타기 전에는.

보이지 않는 곳에서 누군가

그대 쓸쓸해 하지 마세요.
지금 어디서 누군가 당신을 생각하며
지난날들을 그리워할지도 모르잖아요.

그대 힘들어하지 말아요.
누군가 지금 당신이 보이지 않는 곳에서
당신을 위해 기도할지도 모르잖아요.

그대 슬프다고 눈물 흘리지 말아요.
지금 누군가 훨씬 더 슬픔으로
고통스러워할지도 모르잖아요.

그대 어두운 곳에서 방황하지 말아요.
누군가는 지금 절벽 끝에서
절망으로 서 있을지도 모르잖아요.

세상은 너무나 넓고 누군가
사막 한가운데서 헤맬지도 모르잖아요.

인생의 모든 것에는 시간이 필요하듯
가슴에 얼룩진 눈물은
세월이 상처를 치료할 겁니다.

움직이는 꽃

세상에 예쁘지 않은 꽃이 어디 있으랴
장미도 목련도 들꽃도
모두가 저마다 아름다운 꽃인 것을
세상에 아름답지 않은 사람이 어디 있으랴
이 씨도 김 씨도 강 씨도
꽃으로 여기면 향기인 것이고
밉게 보면 미운 것이니
우리네 인생도 꽃으로 본다면
얼마나 아름다울까.

매일 만나는 애인

나는 오늘도 애인을 봅니다.
베란다에서 커피 한 잔에
그리운 이를 그리워한다면
그는 애인입니다.
따스한 바람이 불고
온몸이 나른하다면 그도 애인입니다

들판에 나가 홀로 핀 들꽃을 보았다면 그도 애인이고
그래서 내가 향기에 젖었다면
그 꽃도 나의 애인입니다.
산을 걷다 돌부리에 넘어지면 그 또한 불편한 애인이고
걷고 또 걷고 보고 만나는 것 모두가 애인입니다.
이 세상에 곱게 보면 미울 게 없고
잡초도 사막에서는 꽃입니다

아침에 눈을 떠 만나는 이웃들
너무나 정겹습니다
공원에 나가 만나는 모든 것
또한 나의 애인입니다.
잔디
들꽃
잡초
나무
개똥
길고양이
내 손길 내 눈길 닿는 곳은
모두 애인입니다
모기가 허기져 내 피를 빱니다
그도 까칠한 애인입니다.

소나기가 퍼붓네요.
뙤약볕에 내 몸을 적셔주니
그 또한 진정한 애인입니다.

이별은

사람이 사람을 사랑하다
이별할 때는 분명 고통이 따를 겁니다.
그것이 어떠한 이별이라도
헤어짐은 참 아픈 것입니다.

몇 날 몇 밤을 입술을 깨물어도
다시는 생각 말자 다짐하여도
그럴수록 가슴이 미어지는 것이
이별의 아픔입니다.

이별을 해보지 않은 사람은 모를 겁니다.
그 아픔을....
그 쓰라림을....
그 눈물을....
사람을 함부로 사랑해서는 안 됩니다.
꽃을 피우는 사랑이 아니라면
사랑은 스스로 절망의 늪으로
밀어 넣는 일이니까요.

사랑은 달콤하지만 한순간
헤어짐으로 고통을 스스로 만드는 것입니다.
행복한 것도 잠시
그리운 것도 잠시
다시 고요히 흐르는 침묵에
찬 서리가 나뭇가지를 스치는 쓰라림입니다.

늙은 내 모습

새 옷에도 자꾸만 몸이 처지고
찌그러진 얼굴이 나이를 먹었나 봅니다

거울에 비친 내 모습이
참으로 초라합니다

누렇게 뜬 얼굴엔 검은깨
검은콩이 풍작을 했습니다

그러나 나는 부끄럽지 않습니다
한평생 잘 살았노라고.

구멍 뚫린 육체는 작은 몸부림에도
흐느적거리며....

애써 괜찮은 척해 보지만
야속한 거울은 여지없이 나를
노인으로 만듭니다

그러나 나는 괜찮습니다

마음은 청춘이고
늙는 것이 뭐 그리 대수라고
누구나 다 가야 할 길
그 길에 꽃 하나 뿌려보렵니다.

헤어진 여자가 그리운 날

커튼이 걷힌 창 너머로
별 하나가 반짝입니다

별은 유난히 그를 닮아
나는 커튼을 내리고 말았습니다

난 언제나 불면의 밤을 보내야 했고
당신이 그리워 수 없이 많은 밤을 뒤척였습니다

비 오는 날 우산 없이 걷다 흠뻑 젖은 옷으로
서로가 눈길을 주던 아련한 기억들
지금은 볼 수도 만날 수도 없는 그대

당신에게 줄 수 있는 건 넉넉한 그리움뿐
그 무엇도 줄 수 없음에 가슴만 아립니다

당신이 보고 싶어서
당신이 너무도 보고 싶어서

내 눈물이 쌓여 흐르는 강
그 강가에 핀 한 송이 눈물 꽃

헤어진 여자가 이렇게 그리운지
애당초 몰랐습니다

헤어진 이유를 묻지 마십시오
그건 단지 그를 사랑했으니까요.

다행입니다

오늘 하루도 별일 없으면 다행입니다
아픈 데 없으면 다행입니다.

이 나이에 삼시세끼 꼬박
먹을 수 있으면 참으로 다행입니다.

그러나 살면서 돌부리에 넘어지지 않게 조심해야 합니다.

예순이 넘은 나이에 이렇게
글을 쓴다는 것도 어찌 보면 다행입니다.

오늘 하루도 잘 보내고
잠자리에 듭니다
정말 다행입니다.

내일 새롭게 눈을 떠 새소리를
들어도 다행이고 이웃과 인사하고
다시 하루를 맞이할 수 있으면 다행이지요.

사람이 산다는 것은 바람 앞에
촛불이지 않습니까
촛불이 꺼지지 않으면 다행입니다.

누구를 위해 촛불을 켜고
누구를 위해 기도를 하나이까

하루하루 건강하게 살 수 있다면
정말 다행입니다.

하지만 다행을 지키는 것은
본인입니다
삶은 그저 얻어지는 게 아니니까요.

요행이 아닌 노력과 실천이
인생을 풍요롭게 합니다
그래서 다행입니다.

목련

낭창(朗暢)한 미소가 아름다운 그녀
남들은 그를 꽃이라 부릅니다.

바람이 불고 꽃들이 피면
순백으로 물들인 봄의 향연

고귀함 속에 피어난 슬픈 여인이여....
내 심장에 핀 애달픈 여인이여....

사람들은 그를 목련이라 말합니다.

세파(世波) 속에서도
변치 않는 잔잔한 미소로

비토(肥土) 속에 피어난 꽃망울일지라도
보이지 않는 절망의 바람 끝에 서면

끝없이 흔들리는 바람의 유혹들....
내 한 몸 바쳐 그녀를 잡을 수만 있다면....

세상에 둘도 없는 아름다운 이름이여...

순수하고 꾸밈없는 고귀한 이름이여....

나는 그를 목련이라 부릅니다.

주문을 외우다

행복하다 행복하다 말하면
행복은 오겠지요.

건강하다 건강하다 말하면
건강은 오겠지요.

어느 날 찾아온 외로움에
가슴이 텅 비었다면 조용히 기도합니다.

어느 날
예고 없이 내리는 소나기에 옷이 젖으면
괜찮다 괜찮다 말하면
마음을 씻을 수 있습니다.

나는 오늘도 주문을 외웁니다
고마워서 외우고
감사해서 외우고
나눌 수 있어 외웁니다

세상에 살아있다는 것이 감사요
은혜가 아니겠는지요.

들꽃을 보며

저 산 너머 아름다운 사람이 있다
지금 만날 수 없지만
보고 싶은 사람이 있다.
들꽃을 닮은 아름다운 사람이 있다.
지금 내 앞에 피어 있는
저 들꽃을 보라
분명!
향기며....
자태며....
가냘픔 마저....
저 산 너머 들꽃을 닮은 사람이 있다.

울고 싶은 날은

아파도 해가 뜰 때는 울지 말자
그 눈물 말라버리면 너무나 초라해지니까

울고 싶거든 소나기가 내릴 때 울자
그 눈물 보이지 않게
아무도 내 눈물을 알아차리지 못하게

울고 싶거든 천둥 칠 때 소리내어 울자
아프도록 흐느끼는 그 소리 아무도 듣지 못하게
울고 싶은 날은 그냥 목 놓아 울자

그 소리 하늘이나 알고 나만 알자.

내 생각

내 생각
세상에 예쁘지 않은 꽃은 없다.
생각만 바꾸면 잡초도 꽃이 된다.

내 생각
세상에 향기가 나지 않은 꽃은 없다
생각만 바꾸면 사람도 꽃이 되는 것을.

내 생각
세상에 귀하지 않은 것은 없다
잡초도 사막에서는 물 만큼 귀한 것이다.

내 생각
눈높이를 최대한 낮추어라
쓰레기를 주울 때가 가장 뿌듯하더라. 나는

내 생각
세상에 별을 보지 않는 사람은 없다
있다면 그것은 생명이 없는 사람일 것이다.

내 생각
세상에 아프지 않은 사람은 없다
있다면 그는 생명이 없는 것이다.

내 생각
세상에 울지 않는 사람은 없다
있다면 그는 눈물이 없는 사람일 것이다.

내 생각
세상에 외롭지 않은 사람은 없다
있다면 그는 고독이 없는 사람일 것이다.

내 생각
바람이 지나는 곳에 내가 서 있다
내가 서 있는 곳에 바람이 지나갈 뿐이다.

내 생각
세상에 착한 사람이 돋보이는 것은
미운 사람이 많기 때문일 것이다.

내 생각
반려자가 있어 행복한 것보다
혼자일 때가 더 행복할 때도 있다.

내 생각
이 세상에 상처가 아닌 것은 없다
바람이 지나는 곳에도 상처가 있다.

내 생각
내 몸에 바람이 스쳤다고 느끼지만
실은 눈물이 스쳐 지나간 것이다.

내 생각
바람이 꽃비를 날려 보내지만
실은 세월이 꽃비를 날려 보내는 것이다.

내 생각
잡초도 생명이 귀한 것이다
세상에 귀하지 않은 생명은 없다

내 상각
세상에 보이지 않는 것은 바람만은 아니다
내게 찾아온 고독도 보이지 않는다.

내 생각
세상에 소리 나는 것은 많다
그러나 내 눈물엔 소리가 없다.

내 생각
이 세상에 새소리가 아름답지만
내가 누군가에게 건네는 인사도 아름다운 것이다.

내 생각
노을이 아름다운 이유는 예쁜 구름이 있기 때문이고
별이 아름다운 이유는 밤이 있기 때문이다.

내 생각
행복한 사람이 더 행복한 것보다
불행했던 사람이 행복한 것이 더 행복한 것이다.

내 생각
나는 슬플 때 하늘을 본다
하늘을 보는 이유는 고여 있는 눈물을 쏟아내지 않기 위함이다.
눈물은 그만큼 고귀한 것이니까.

내 생각
건강해지기 위한 노력보다
건강을 잃지 않으려는 노력이 더 필요하다.

내 생각
시간과 사람은 머물러 있지 않는다
바람과 꽃잎도 머물러 있지 않는다.

내 생각
고독한 사람은 가슴으로 글을 쓰고
외로운 사람은 연필로 글을 쓴다.
슬픈 사람은 눈물로 글을 쓰고
행복한 사람은 미소로 글을 쓴다.

내 생각
고독한 사람이 행복할 수도 있습니다.
외롭다고 함부로 누굴 만나지 마세요.
그것이 노인에게는 짐이 될 수도 있습니다.

내 생각
누구나 병들지 않는 사람은 없다
누구나 외롭지 않은 사람은 없다
사람이기에 병 들고 외로움도 느끼는 것이다.

내 생각
내가 행복하면 아내도 행복하고
아내가 행복하면 나도 행복한 것이다
당연한 것인데도 실행은 정말 어렵다.

내 생각
내가 슬프면 아내도 슬프고
아내가 슬프면 나도 슬프다
아내와 나는 몸은 두 쪽이지만 생각은 같기 때문이다.

내 생각
불면증이라고 한탄하지 말라
지금도 산업현장에서는 밤을 새우는 사람이 있다

내 생각
불면증이라고 생각한다면 운동이라도 하라
운동이 힘들면 봉사활동이라도 하라.

내 생각
아름다운 사람은 외모가 아름다운 것보다
못생겨도 공공장소에서
쓰레기를 주울 줄 아는 사람이
진정 아름다운 것이다.

초록으로만 살고 싶다

계절이 바뀔 때마다
내 몸에 마른 상처가 생겨
곰팡이가 온몸에 번질 때
나는 푸른 옷을 갈망했습니다.

당신이 가신 후 메말라가는 저는
눈물 가득 머금은 가여운 겨울나무였습니다.

한 계절을 버티지 못한 채
시들어 가야만 했기에
아지랑이 피는 봄을 기다립니다.

영원히 초록으로 살 수 없었기에
나는 또 한 계절을 절망했습니다.

아! 무엇이 그렇게 아팠기에
신음만 난무했는지

삭막한 겨울 칼바람은
초록의 옷 꺼풀을 벗기고
나를 혹독하게 할퀴었습니다.

곧 봄은 올 테지요
그리고 내 몸에 또 거짓말같이 새살이 돋을 겁니다.

그들은 내게

밤하늘에 별들이 이렇게
아름답게 보이는 것은

나도 별처럼 누군가에게
아름다운 빛을 주고 싶다는 까닭입니다.

바다는 우리에게 끝없는 양식과
희망을 주었습니다.

그러므로 바다를 보고 있노라면
내가 누군가에게 바다처럼 깊고 끝없는
사랑을 베풀어야 할 까닭입니다.

그러나 내가 울고 싶은 날은
바다도 하얀 포말로 부서지며
비루(悲淚)한 소리로 흐느껴 주었습니다.

산이 내게 준 사랑은 너무도 푸르고 간절해
내게 찾아온 병마를 잠시 잊고자 하였습니다.

우리 주위에 이렇게 많고 많은 바다와 산, 그리고 별
그들은 변함없는 세월 속에서 나를 지켜보고 있었다는
것을.

하여, 나는 오늘도 그들을 바라보며
백합처럼 살아보고자 또 하루를 견디며 산속을 걷고 있
습니다.

아, 당신도 바다를 바라보며
그렇게 진주처럼 살아가고픈 까닭입니까.

늙어가는 나에게

늙어간다는 것은 떠난다는 것이다
석양처럼 저문다는 뜻이다

살아오는 동안
서글픈 날이 몇 날이었던가
외로운 날은 또 몇 밤이었던가

살아야 했기에 눈물도, 고통도
참아야만 했습니다.

돌이켜 보면 내 삶은 절반이 곡절(曲折)이었고
날카로운 칼날에 내 몸을 모로 눕혔습니다.

살기 위해 몸부림친 것이 50년
누구를 미워한 세월이 50년

그것들을 뼈저리게 뉘우치며
이제 지나온 세월은 돌아보지 않으렵니다.

세상을 살아갈 용기를 주십시오.
그렇게 기도로 갈망한 세월이 반평생

지금 거울 앞에 비친
물기 없는 초라한 나를 탓하기보다
거울에 보이지 않는 내면에
꽃향기만 채워보렵니다.

가슴에 무거운 돌덩이 하나 매달고 살아가지만

평생, 힘들었지
누군가 이 말 한마디만 해준다면....
그래, 이 말 한마디만 해준다면....

그리움 한 잔

소나기가 쏟아지고
베란다 창가에 흘러내리는 빗방울을 보며
한 잔의 커피에 그리움을 담아 마셔 봅니다.

한 잔 가득한 그리움에
은은한 향기가 온몸에 닿을 때쯤
그대의 향기가 퍼져
더욱 그리움이 짙어집니다.

커피잔 속에 그대가 보이고
한 잔의 커피 속의 그리움이 담겨
그리움의 커피는 나를 슬프게 합니다.

가슴 깊이 쌓아 두었던 그대의 향기도
가슴 깊이 묶어 두었던 그대의 사랑도
빗물에 실어서 그리운 그대에게
흘려보내고 싶습니다.

커피 한 잔으로 느껴지는 그대 향한 그리움을
한 잔의 커피에 타서 마시는 오늘이
그대 향한 한 잔의 그리움인 것을.

돈

돈이 뭐길래
사람들은 돈에 울고 돈에 웃고
돈 냄새를 더 좋아하는 사람들은
목숨까지도 자해를 한다.

어느 순간에 손가락 사이로 빠지는
모래알처럼 마술을 부리는 돈
사람들은 마술에 취한다
잡으려면 철새처럼 떠나는 돈뭉치
오늘도 돈 때문에 누구는 웃고 누구는 울고
때가 되면 철새는 돌아올 텐데.

노인의 눈물

다시는 울지 않으리라
누구를 원망도 하지 않으리라

문틈 사이로 파고든 고독에
온 뼈마디는 시리고
세월을 삼킨 지병(持病)에
괜스레 또 눈물이 난다.

내가 살날은 얼마나 될까.
유수(流水)와 같은 세월아

한평생 살아온 길 누가 나를 기억해 줄까.
생각해 보면 인생이란 덧없이 허무한 것을

몇은 죽고
몇은 요양원으로....
몇은 귀 멀고....
또, 몇은....

누군가 그립다고 말하면 찾아와 줄까
누군가 보고 싶다면 손잡아 줄까

나의 황혼은 자꾸만 지고 있는데
온종일 기다려도 찾아 주는 이 없네

가족도...
친구도...
그 누구도....

나도 한때는 청춘이었건만
세월 앞에 허물어진 내 육신이여

지금 내게 남은 건 빈 껍데기뿐
쓸쓸한 이 계절에 홀로 남겨진 눈물.

나는 대한민국에서 살고 있다

무궁화가 피는 나라
여름보다 가을이 더 아픈 나라
나는 대한민국에서 살고 있다
바다가 있어 저녁노을이 예쁜 나라

아!
반짝이는 별들이 더 가까운 나라
지구촌 임들이시여
초록빛 하늘을 건너 이곳으로 다가오라

나는 깨끗한 나라에서 살고 있다
사람이 아름다운 나라
꽃보다 사람이 더 아름다운 나라
나는 그곳에서 살고 있다.

땅거미가 피어오를 때
간절히 보고 싶은 사람이 있는 곳
새벽이면 수탉이 노래하는 나라

갈대가 흔들리며 철새를 부르는 나라
그래서 소금꽃이 피는 나라
오늘도 동쪽 하늘로 희망의 편지를 띄워 보낸다

아, 절뚝거리지 않으리라

국화꽃이 피는 나라
눈 속에 동백꽃이 붉게 피는 나라
솜 눈이 하늘에서 목화처럼 날리는 나라

때로는 벼락 치는 소리가 가슴을 훑어도
나는 자랑스러운 대한민국에서 살고 있다.

어둠이 찾아오고 별빛이 내릴 때
한 번쯤 숨죽여 울고 싶은 마음
고요히 이슬이 눈물처럼 맺히는 나라

나의 조국이여, 향유(享有)의 대한민국이여
계곡진 연둣빛 푸른 강산이여
나는 아름다운 그곳에서 살고 있다.

아름다운 이별

나는 가끔씩 생각해 봅니다
내가 살날이 얼마나 남았을까, 하고
살아온 날을 되짚어 보면 태어난 지가 엊그제 같은데
벌써 지천명(知天命)으로 물들었습니다.

지금은 좋은 집에 살고 좋은 음식을 먹고 행복할지라도
우리네 인생은 잠시 잠깐 왔다가
그렇게 허무하게 떠나는 것이 아닌가 싶습니다.

잘 먹고 잘살고 건강하게 살아야지
그렇게 마음은 다 잡아 먹지만
그것은 순간일 뿐 마음대로 되는 게 아닌지라 안타깝기만
합니다.

친구도 가족 만큼이나 소중하고
이웃도 아름다운 인연이라 합니다
누군가 숨을 거둘 때 가족을 떠올리는 사람이 있는가 하면
가족보다 친구를 먼저 떠올리며 숨을 거두는 이가 있다고
합니다.

우리는 누군가에게 마지막으로 아름다운 기억으로 남는
이름 석 자의 친구로 남는 것은 어떨런지요.
살아온 날보다 살날이 얼마 남지 않는 친구들의 손을 일
일이 잡을 수만 있다면
우리가 앞으로 그렇게 살 수만 있다면
숨을 거둘 때 그래도 또렷한 친구의 얼굴을 떠올리며
편안하게 눈을 감을 수 있지 않을까 싶습니다.

친구의 빈소에 술 한 잔 부어줄 우정이 있다면
친구의 빈소에서 마지막 뜨거운 눈물을
흘릴 수 있는 우정이 있다면
그 친구는 먼 길 떠나는 것이 외롭지 않을 것입니다.

친구여, 나의 친구들이여 모두 보고 싶고 사랑합니다.
그리고 모두의 손을 한 번 잡고 놓치고 싶지 않습니다
돌아보니 그렇게 허무하게 한 평생 살아온 것을.
아등바등 천년을 살 것처럼 낡은 빈 가슴에 채우고 또
채우고
그렇게 살아왔음을.
이제는 그것이 짐이 된다는 것을 조금은 알 것 같습니다.

영일대 해수욕장

바다가 눈물을 흘리는 날이면 소리가 난다
도시의 불빛은 찬란하건만
마음을 에는 애달픈 바람이여

파도가 할퀴고 간 모래 위에 지워진 상흔(**傷痕**)
모래밭에 손끝으로 새겨본 간절한 소망
파도가 이내 지워버린다
나는 모래밭에서 절뚝거리지 않으리라

빌딩 숲 사이로 시린 바람은 불고
나는 별리(**別離**)의 아픔으로 바다를 본다
영일대 바닷가에서.

괜찮다

바람 불어도 괜찮다
나도 때로는
흔들리고 싶을 때가 있으니까.

소낙비가 온몸을 적셔도 나는 괜찮다
온몸에 묻은 구린내를 씻을 수만 있다면

누군가 내가 미우면 가슴에 돌을 던져라
돌 던진 이의 가슴 속 비수가 뽑힐 수만 있다면

나는 괜찮다.

오늘도 바람은 분다, 비를 뿌린다
가슴은 젖어도 나는 괜찮다.

폭풍우가 그치면
무지개는 피어날 테니....

제목 : 괜찮다
시낭송 : 박영애
스마트폰으로 QR 코드를 스캔하면
시낭송을 감상할 수 있습니다

헤어져 있어 더 그리운 사람

헤어져도 헤어진 것이 아닌
헤어져 있어 더 그리운 이여,

바람 부는 비련(悲戀)의 언덕에서
서로의 가슴에 가시를 키웠던 우리
헤어진 지금에야 참회(懺悔)를 합니다.

살다 보면
슬프고, 외로울 때,
곁에 머물러 눈물을 닦아주는 사람

지치고 아플 때,
단비 같은 숨결을 주는 사람

힘겨운 사랑이 가져다준 우리의 인연
너무나 애틋하고, 보고 싶고, 가슴 아픈 우리

비록, 지금은 헤어짐으로
그것이 서로를 아프게 할지라도
기약 없는 아픔을 딛고 재회(再會)를 할 때
우리는 서로의 눈물을 닦아줄 수 있을 테니까요.

당신과 내가 사랑한 만큼 아파야
서로를 어루만져 줄 수 있으니까요.

세상에 단 한 사람
당신만 바라보며 살아온 나,
살아 온 날보다 살아갈 날이 더 많기에
애통(哀痛)한 당신을 마음 깊이 되뇌어 봅니다.

잠시 헤어져 있어도
더 미치도록 그리운 사랑을 할 수 있다면
뿌연 안개 속을 걷는 인생길이라도
더는 후회하지 않겠습니다.

당신이 흘렸던 눈물이 아픔이라면
이제 그 아픔을 제가 닦아드릴게요.

내 심장에 아프게만 남아있는 당신
당신이 좋아하는 안개꽃 한 다발에
오늘은,
살포시 장미 한 송이를 얹어봅니다.

그것이 당신에게 보내는 저의 마음이니까요....

당신은 어디에 계신가요

당신은 지금 어디쯤 오고 계신 건가요
저는 작은 바람에도 일렁이는 연초록 잎새입니다.

내 안에 깊은 그리움 하나 있어
오늘도 무작정 안개빛 색깔로
당신을 기다려 봅니다.

태양이 비틀거리며 산 중턱에 걸리면
그것이 눈물일세라
당신은 흔적 없이, 이유 없는 자취를 감추셨습니다.

낯선 바람들이 내 허리를 스칠 때
내 몸은 속절없이 무너지고
그럴 때마다 내 심장에 묻어둔
당신의 냄새를 꺼내야만 했습니다.

오늘도 검은 광풍(狂風)은 내 치맛자락을 흔들고
당신을 품어야만 살 수 있다기에
풀려버린 결박을 한탄하며
작은 빗물에도 당신의 흔적은 씻겨져
저를 슬프게 했습니다.

당신은 지금 어디에 계신가요
어디쯤, 오고 계신 건가요
당신을 기다리는 것이 죄라면 용서하여 주십시오.

산다는 것은 외로움을 떨치는 일이기에
기다리는 것은 아픔을 삭여야 하는 일이었기에
지금도 이렇게 당신을 눈물로 기다립니다.

부디, 저의 눈물을 헹구어 주십시오.

함께 있어 주겠다고 맹세하여 주십시오.

당신은 지금 어디에 계신가요
아침 햇살이 눈 부실 때쯤
흔적 없이 사라지는 당신은
저에게 영원히 머물지 못하는 영롱한
아침 이슬입니다.

오늘도 저의 순결한,
연초록, 잎새의 슬픈 절규를 용서하여 주십시오.

*

* 이슬과 풀잎의 애틋한 사랑을 그린 작품

어느 날 누군가 보고플 때

살다 보면 순간 누군가
미치도록 보고 싶을 때가 있습니다.

궂은비가 하염없이 내릴 때나
혹은, 차 한잔 시켜 놓고 그 찻잔이 싸늘하게 식어갈 때
누군가 이름을 간절히 부르고 싶을 때가 있습니다.

지금은 그 사람 이름조차 희미하지만
비누 향수를 풍기던 그 이름을
간절히 부르고 싶을 때가 있는 것입니다.

살아가면서 누군가 미치도록 보고 싶을 때가 있다는 건
아직 꺼지지 않는 마음의 열정,
그 열정이 마음에 남아 있기 때문입니다.

하루가 끝나고 붉은 노을을 보면
알 수 없이 밀려오는 외로운 것처럼
노을이 질 때 누군가를 떠올리며
혼자 그 그리움을 참아야만 하는 그런 외로움이라면

바람이 나무를 스치듯 잊혀가는 그 기억들이 내 가슴을
사정없이 후빕니다.

그래도 희미한 이름이 떠오를 때면
나는 하늘을 올려다보며 눈물을 삼킵니다.

내 인생에 타버린 숯덩이로 뿌연 안개 같은 이여.

삶이란

삶이란
꽃처럼 피었다 어느 순간 시들어
볼품없이 지고 마는 것

삶이란
새싹으로 돋아나 곱게 물들다
어느 바람 한 줌에 지고 마는 것

삶이란
한 치 앞도 보이지 않는 자욱한 안개 속을
무거운 짐을 지고 산을 오르는 것

삶이란
나도 모르게 세상에 태어나
구경 한 번 하고 가는 것

삶이란
결국 무거운 짐을 내려놓는 것.

아름다운 마음

사람이 태어나 한 세상 살아가는데
좋은 일만 있을 수 없겠지요.

누구를 만나 웃음을 주기도 하고
또 어떤 이를 만나 눈물을 주기도 하겠지요

나 아닌 사람이 불행하면 내 일이 아니라서
모른 체 지나게 되기도 하고
나와 내 가족들이 고통과 시련을
겪게 되면 하늘을 원망하기도 합니다

남들이 겪는 고통을 좀 더 안타까워하고
그 시련을 함께 나눌 수 있다면
아름다운 세상이 되지 않을까요.

내가 하는 행동이 이기적인 것은 아닌지
내가 하는 말 한마디가 어떤 이의
폐부를 찌르지는 않는 것인지.

상대의 입장을 바라볼 수 있는
넓은 해안을 가지게 해주옵소서.

눈높이를 낮추면

쓰레기를 주우려 고개를 숙이면

눈 아래 펼쳐진 또 다른 세상

그곳은 욕심도, 교만도, 질투도 없는 깨끗한 세상

바람 부는 오월

당신을 만난 오월은 행복합니다
지금 내 가슴에 바람이 불고
청매실 잎 그늘진 숲속
속삭이는 당신의 목소리가 정겹습니다.
솔바람 스칠 때 아스라이
가슴에 느껴지는 당신의 눈빛
그것은 설렘입니다.
당신은 바람 부는 오월에 그렇게
나를 흔들고 있습니다.
사랑한단 말 한마디만 해 주십시오.
그 한마디가 애타는 것을요.

당신에게

생에 힘든 삶을 걸어온 당신
그 삶의 무게가 나를 짓누를 때
나는 가끔 하늘을 올려다보았소.

그리고 별빛 하나 없는 하늘을 쳐다보며
남모르게 적신 뜨거운 눈시울

인생이란
가지 끝에 매달린 혹독한 바람처럼
살아오는 동안 나는 당신께
의미 없는 유리 조각이었소.

꽃들이 피었다 지고 다시 필 날을 기약하는 것처럼
나는 이제 당신께 지지 않는 장미가 되고 싶소.

아리야!
숱한 날의 얽힌 포박을 풀고
이제 노을처럼 살아갑시다.

지나온 세월 당신에게 조금만 더 잘할걸
야윈 당신을 보노라면
후회와 회한(悔恨)만 밀려옵니다.

침묵으로 보내야 하는 어둠을 깨고
숨을 멈추는 날까지
당신만 바라보며 사랑하겠소.

나의 전부인 아리야.....

청혼

오늘처럼 꽃잎이 날리면
외로움이 가슴을 파고들어 나는 집 밖을 나섭니다

낮달에 비친 그대 모습 죽을 만큼 그리워
집 밖을 나서봅니다.

길을 걷는 사람들....
꽃을 보는 사람들.....

세상에 어디 외로운 사람이 나뿐이겠냐만

살아오는 동안 나의 한쪽 가슴은
언제나 텅 비었다는 것을.

빈 가슴 채우지 못해
눈물만 흘린 날이 여러 날....

나 아닌 외로운 사람은 단 한 번만이라도
벚나무 꽃길로 오십시오.

오늘처럼 이렇게 꽃비가 내리면
애절한 마음으로 고백해 보렵니다.

바람과 꽃잎은 머물러 있지 못해도
그대에게 애착(愛着)으로 있겠습니다.

꽃잎을 닮은 외로운 사람아.....

나도 들꽃처럼 살고 싶다

저 들꽃을 보라
습하고 응달진 곳에 피어난 들꽃처럼
내 삶도 그러했네

길섶에 피어난 들꽃에
가까이 더 가까이 귀 기울여 보라
내 삶도 그러했네

삶은 그렇게 피어나는 것이라고
그렇게 견디는 것이라고
들꽃은 말해 주었네

천둥소리 거친 폭풍우도
견디며 사는 것이라고

한세상 들꽃처럼 살고 싶으련만
왜 바람은 불어와 청춘을 꺾으려 하는가.

나는 왜 향기 없는
푸른 별이 빛나는 밤에도 흐느껴야 하는지

초승달 쪼개진 밤
죽음보다 고독한 외로움을 느껴야 하는지

삶은 그런 것이라고 들꽃이 말하였네.

세월이 청춘을 지운다 해도
나는 스러지지 않을 것이야.

아! 생명이여....
습한 곳이면 어떠하리
이 한 몸 들꽃으로 피어나
꽃들에 향기를 나눌 수 있다면

모두에게....향기를

아버지의 찬밥 한 덩이

헐벗은 가난에 처절하게 몸부림치는
아버지는 그럴 때마다 노를 저었다
바람 불어도 흔들리지 않고
겨울이 와도 추운 줄 모르는
아버지는 그런 사람이었다
아버지는 그런 줄만 알았다

동해 한 점 섬 울릉도가 고향인
아버지는 가난한 어부였다
잊을 수 없는 하얀 쌀밥 한 덩이

밤을 다하여 오징어잡이에 힘드셨을 텐데
배고프고 쌀밥이 귀한 시절
큰 가마솥에 보리밥이 전부고
한쪽에 쌀밥을 지어
어머니가 싸준 하얀 쌀밥 도시락
그 도시락을 아버지는 다 드시지 않고
매일 남겨 저에게 먹게 해주신
하얀 쌀밥 한 덩이

그땐 아버지가 배불러서 그런 줄 알았다
배가 불러서 남기는 줄 알았다
세월이 지나 나도 자식을 낳아 보니
그것이 아버지의 사랑이란 것을
그 아버지가 오늘은 눈물겹도록 보고 싶다.

그 섬엔 아버지의 무덤이 있고
오늘도 아버지의 영혼이 숨 쉬는 그곳
그곳에서 흰 쌀밥은 드실까?

지금 내 가슴 속엔

내 가슴에 그런 발자국 하나 숨어 있네

어느 가슴인들 꽃 한 송이 없겠느냐마는
어느 가슴인들 아픈 상처 하나쯤 없겠느냐마는

내 가슴 속에 끊임없이 허허로운
발자국 하나 남아있네

어느 가슴인들 눈물 한 줌 없겠느냐마는
어느 가슴인들 외로운 바람 한 점 없겠느냐마는

내 가슴 속에도 고독이 쌓여 어느 하루도
비탈진 계곡을 걷지 않는 날이 없구나
오롯이 그 길엔 홀로 남겨진 들꽃처럼

당신이 바람으로 쓸쓸히 남긴 발자국 하나
내 심장에 불멸로 남아 쓰리게 피어 있네

버리고 나니 아름다워라

낡고 오래된 가구는 버리고 싶듯이
마음속에 불신과 낡은 생각은 버려보십시오
마음이 한결 가벼워질 것입니다

살면서 문득 울고 싶을 때가 있습니다
그것은 울고 싶은 것이 아니라
마음속에 눈물이 있기 때문입니다

울고 싶을 때는 마음을 한 번 열어 보십시오
새 가구가 들어오듯 훨씬 마음이 밝아질 것입니다

살다 보면 마음이 아파질 때가 있습니다
그것은 마음이 아픈 것이 아니라 마음이
닫혀 있기 때문입니다

마음 깊숙이 문을 열고
마음 안쪽에 꽃밭을 한번 가꾸어 보십시오

아픈 마음은 사라지고 예쁜 화초가 자라듯
매일 마음에 꽃이 필 것입니다.

수선화

굳이 고개 숙일 필요는 없단다
울지 마라 수선화야
눈물은 아픔이랬다
아침에 머금은 이슬은
밤새 너를 훑고 간 눈물이랬다.

아무리 가늘어도 생명이 있어
향기가 나는 거란다
이름 없는 광란의 바람이
너의 허리를 치거든
한 번 고개 들어 하늘을 쳐다보라
꺾이지 않으려고 애쓸 필요도 없단다
어차피 한 번은 가야 할 청춘이 아니더냐

수선화
너의 눈물은 새벽이슬이 되었구나
흔들리지 않은 꽃이 어디 있으랴
목마름에 오로지 기다리는 건 그리움이니까.

향기가 없는 것은 꽃이 아니다
아무리 예뻐도 향기가 없으면 꽃이 아니다.

그래 네가 기다리는 건 바람이더냐
흔들리지 마라
바람에 불어오는 새소리에도
부디 흔들리지 마라.

먼지

탈탈 털어도 털리지 않는 것이 먼지라면
보석을 먼지라 여겨보라
애써 움켜쥐지 않아도 되는 것을.

털어서 가볍다고 느끼는 것이 먼지라면
보석을 먼지처럼 털어보라
구태여 움켜쥐지 않아도 되는 것을.

지금

내 배가 부르다고 모든 이의 배가
부른 것은 아니다.

굶주림에 허기진 배를 움켜쥐고
오늘 한 끼를 걱정하는 이가 몇이든가.

내가 따뜻하다고 모두가 따뜻한 것은 아니다
겨울밤 따스한 이불을 그리워하는 이가 몇이든가

지금 주위를 한 번 둘러보라

어떤 이는 마음이 찢어져 눈물을 흘리고
또 어떤 이는 한 끼를 걱정하는

지금, 이 순간에도....

내가 줄 것이 무엇인가를
생각을 해야 한다
내가 할 수 있는 것이 무엇인가를
아무리 작은 것이라도 나누어야 한다

지금 주위를 한 번 둘러보라
내가 줄 수 있는 것은 정녕 무엇인가를
따스한 마음 하나만으로도 족한 것을.

세월

무심한 것은
세월뿐만 아니더이다
부모님을 데려간
저 하늘도 무심하고
풋풋한 내 청춘을 앗아간
나이도 무심하더이다
누구나 한번은 떠나지만
그렇게 바람처럼 떠날 줄이야
님도 떠나고
임도 떠났습니다
옆집 멍멍이 쇠돌이도 가고
모두가 구름 타고 하늘로 갔습니다
세월은 그대로인데 모두가 갔습니다.

다시 피고 싶었습니다

들꽃처럼 피고 싶었습니다
돌아보니 바람 같은 게 인생인 것을
어디쯤 온 걸까 돌아보니 아득히 오고 만 것을
처음엔 그저 들꽃처럼 피고 싶었습니다
그리고 들꽃처럼 살고 싶었습니다.

오늘 하루도 수천 가닥의 생각으로
저물어 가는 나의 심장 소리를 들어야만 했습니다
바람이 창문을 두드리는 소리가 귓가를 훑으면
바람이 할퀴고 간 그 자리에 나를 묶은 채
소리 없는 통곡을 해야만 했습니다.

머리맡에 널브러진 약 봉투는 또 하루를 살기 위한 몸부림이던가
늙은 나뭇잎이 우수수 떨어지듯
내 몸 구석구석 맑은 피들이 굳어져만 가고
고목 나무 가진 겨울을 보내고 새싹을 틔우듯
그렇게 다시 들꽃처럼 피고 싶었습니다.

밤 별들이 곱게 수놓을 때쯤
사투를 벌이던 통증은 온몸 마디마디 날 선 칼날로 헤집고
참을 수 없는 외마디 비명은 집안 가득 허공에 메아리 치는데

또다시 아날로그 초침 소리가 새벽 6시를 알리면
떨리는 신열로 더운 선혈을 솟구칠 때
나도 울고 동박새도 울고 말았습니다.

우리는 허기진 계곡에 만신창이가 된 채
새순이 돋기를 기다리며 참 많은 생각을 해야만 했습니다.

아!
바람 같은 게 인생이던가
들꽃처럼 피어나 향기로 남고 싶었습니다
아무도 쳐다봐 주지 않아도
이름 없는 무덤가에 들꽃처럼 다시 피고 싶었습니다.

가 느린 들꽃처럼 피어나 식지 않는
심장 소리를 듣고 싶었습니다
돌아보니 바람 같은 게 인생이더냐
인생은 찰나의 바람인 것을.

욕심의 온도

욕심을 버리고 나면
한없이 편하다는 것을
죽음을 목전에 두고서 알았다.

지금, 이 순간 비우지 못할 것이 무엇이더냐
욕심을 버리고 나면 이렇게 편안해지는 것을
이렇게 가벼워지는 것을

비운다는 것이 이렇게 어려운 줄
죽음을 목전에 두고서 알았다.

너에게

너는 가꾸지 않는 본래 모습이 더 아름답다
꾸미지 않는 그대로가 더 아름답다

이슬이 살 수 있는 것 또한 풀잎이 있기 때문이듯
내가 살 수 있는 것 또한 네가 있기 때문이지

너를 위해 흘린 눈물을 보았느냐
너를 위해 두 손 모으며 기도한 것을 들었느냐

카키색 낡은 코트에 맞이한 쓸쓸한 가을은 지는데
너에게 줄 수 있는 것은 빛바랜 추억 하나
비밀 일기장에서 너와의 숨결을 느낀다

너에게 이미 찾아와버린 겨울은 차갑기만 한데
너에게 줄 수 있는 봄소식에 꽃은 피는데

아련한 기억으로 너의 생각이 짙어질 때
내 안에 촘촘히 박힌 장미의 가시를 뽑고 너에게로 간다.

사랑은 무엇인가

성에 낀 유리창에
사랑해, 라고 적고 맞은편 창문을 열어젖히면
사랑은 물거품처럼 사라지고 마는 것을

사랑은 있다가도 없는 것
사랑은 오다가도 가는 것
사랑은 잡으려 할수록 멀어지는 것.

사랑이란 안개처럼
앞길을 가늠할 수 없는 것
보이지는 않지만 다가가 만날 수 있는 것

사랑은 비 온 뒤 피어난 무지개.

가을 남자

눈 부신 햇살이
은행나무 가로수 사이로 쏟아지면
나는 가을을 맞으며 은행나무
숲길을 걸어봅니다.

노란 낙엽 하나가 내 어깨 위에 떨어지면
나는 가을 남자가 되어 은행잎 속에
머물러봅니다.

아주 옛날 누군가 함께 걷던 은행나무 숲길
코끝을 스치는 가을바람에 닫혔던 내 가슴이
열리고
어느새 난 가을동화의 주인공이 되어
가을 속으로 걷고 있습니다.

사랑하는 사람아

사랑하는 사람아
그대는 밤새 내 마음속에 꽃처럼 피어나
스쳐 지나간 사랑이었나
지나간 시간 속에 추억이 가슴에 멍울져
얼룩이 된 아픈 사랑이었나.

첫눈이 쌓이듯 그리움이 쌓여
이제는 눈물조차 말라버릴 것 같은 그 사랑에
나는 별빛이 내릴 때 창문 틈으로 너의 흔적들이
바람결에 스며들어 잠 못 이루었지.

별 같은 사랑과
별 같은 그리움과
내 안에 온통 큐피드 화살을 던져버린 사랑하는 사람아

이슬이 마르고 여명이 밝아 오면 사랑의 여운은 눈처럼 녹
겠지만
하늘을 올려다보면 그리움에 목젖을 타고 내려가는
뜨거운 눈물을 삼켜야 하는 내가 사랑한 사람아.

그리움에 글썽이는 그 눈물은 내 심장에 고이고
밤새 흘린 눈물이 강을 만들어 그리움의 배를 띄운다 해도
나 당신만을 사랑하리니...

애당초 꽃처럼 다가온 그리움이 시냇물에 흘러가도
나 후회 없이 기꺼이 당신만 사랑하리오

내가 진정 사랑하는 사람아...

제목 : 사랑하는 사람아
시낭송 : 박영애
스마트폰으로 QR 코드를 스캔하면
시낭송을 감상할 수 있습니다

내가 살아가는 이유

오늘 하루도
숨 쉴 수 있어 다행이다
그리고 그것에 감사하자.

지금 이 순간은 힘들고 지치지만
희망이 있고 꿈이 있기에
다행한 일이 아닌가.

눈을 뜨면 신선한 바람이 있고
수평선처럼 아득히 보이는
그리운 사람과의 안부가 있기에
이 아침이 아름다운 것이다.

그것이 내가 살아가는 이유인 것을.

고통과 절망 속에서 병마와 싸우는 이웃이 있어
그들을 한 번 더 돌아보고 용기를 주어야 한다.

지금 나는,
두 다리로 걸을 수 있고
아름다운 세상을 바라볼 수 있는 눈이 있지 않은가.

세상 살면서 멀쩡한 육신으로
고마움을 느끼지 못하고
노력 없이 한탄만 한다면
가슴 아픈 일이 아닐 수 없다.

멀쩡한 육신으로 무엇이든 해 보라
자신에게 희망과 용기를 줄 수 있기에
감사할 일이지 않은가.

흔들리지 않는 나무가 어디 있으랴
한 세상 바람 속을 걷는다 해도
따스한 이웃이 있고
따스한 정이 있으니
한 번쯤 살아볼 만한 세상이 아닌가.

사랑할 때가 더 외롭다

사랑하는 사람이 생기면
온 세상이 다 내 것인 것 같아도 아니다
때론 텅 빈 정류장처럼 휑할 때가 있다.

아무도 없는 것같이 외로운 것은
더 많은 사랑을 갈구하는 욕심 때문일 것이다.
사랑하는 이와 잠시의 이별은
서럽고 눈물 나는 일이다.

사소한 감정 다툼에도
하늘이 무너지는 것 같은 고통은
그와 일치하고 싶은 욕망 때문이다.

사랑을 하면서도 서러운 것은
그의 일상을 갖고 싶고
조금 더 그 영혼 속에 녹아내려
둘이 아닌 하나로 살아가고 싶은 간절한 소망 때문이다.

사랑할수록 더 깊은 사랑이 필요하고
더 많은 것을 알고 싶어 한다.
더 오래 함께 있고 싶으나
함께 있을 수 없어 사랑할 때가 더 외롭다.

가을 사랑아

보고 싶은 사랑아
너를 보고 싶다는 생각이
가슴에 차올라 목구멍으로 솟구칠 때
너는 내게 눈물이고 그리움이어라

보고 싶은 가을 사랑아
오늘은 빛 좋은 가을 하늘에 바람이 일듯
그리움의 돛단배는 널 찾아간단다

내 발길 등불 밝혀줄 사랑아
오늘 아니 도착하거든
내일 동녘 하늘에 태양이 솟구칠 때
널 찾아 떠나리

붉은 심장 내어준 가을 사랑아
가다가다 지치면 너를 품고
그곳에서 살리라.

살아가면서

세상에 태어나서 당신께
얻은 것은 예쁜 말투와 포근한
미소입니다.

세상에 태어나서 당신께
받은 것은 행복한 일과 철철 넘치는
당신의 사랑입니다.

가끔은 나를 위해 약간의 질타도
있었지만, 그것은 우리에게 아무런
문제가 되지 못합니다.

세상에 태어나서 내가
당신께 줄 수 있는 것 또한
무진장 많습니다.
사랑…
행복…
믿음…
그리고 죽을 때까지 당신께
드리고 싶은 것이 한 가지 더
있습니다.

그것이 뭔지 지금은 생각나지 않지만
그것 또한 살면서 당신께 베풀어
당신이 내게 준 은혜보다 더
깊고 깊은 마음으로 보답하겠습니다.

별빛 그리움

밤하늘에 별빛이 아득히 보이는 것은
아직 내 안에 그대를 담을 수 없기 때문입니다

밤하늘에 별들이 아주 작게 느껴지는 것은
내가 아직 그대를 사랑할 수 없기 때문입니다

밤하늘에 별들이 아름답게 보이는 것은
아직 그대를 사랑할 수 있다는
희망이 있기 때문입니다

밤하늘에 별을 보고 행복하다 느껴지면
내가 그대를 사랑하고 있기 때문입니다

너

그런 네가 가슴에 담겨 있는
것만으로도 좋다

매일 보지 못해도
자주 목소리를 들을 수 없어도

너의 존재가 이 세상에
있다는 사실 하나만으로도
나는 행복한 것인데

내 마음 구석구석
너의 흔적들로 남아
너를 생각하는 지금 이 순간
너무나 행복할 수밖에

내가 할 수 있는 것은

누군가,
그리울 때는 한 권의 시집을 펼치자
가슴속에 망울망울 그리운 이의 영혼이
숨 쉴 수 있을 테니

오늘 문득 커피 한 잔이 그리워
맑은 음악이 흐르는 찻집에 앉았다
그리고 고독한 커피 한 잔에 마음을 적신다

내 안에 헤즐럿 향기가 퍼져
가슴을 녹여 주는 한 잔의 차

아늑한 한 잔의 커피에 취해
내가 할 수 있는 것은 무엇이랴

빈 들녘에 꽃을 심을 수도
빈 가슴에 그 흔하디흔한 사랑 한 조각
담을 수 없으니

지금 누군가를 사랑하여
한 송이 들국화를 주고 싶다

하지만 이렇게 바람은 부는데
이렇게 가슴에 비만 내리는데
내가 할 수 있는 것은 무엇이랴

들국화는 지는데.

당신입니다

나를 눈물 나게 하는 것도 당신입니다
나를 사랑해준 사람도 당신입니다
어느 날 가슴 깊숙이
사랑의 증표를 남긴 사람도 당신입니다.

어느 날 바람처럼 왔다가
가슴 저미게 그리움을 준 사람도 당신입니다
오늘 그런 이유로 나를 힘들게 하는 사람도 당신입니다
비명처럼 다가온 당신
힘들어하는 당신에게 위로와 용기를 주고 싶어요
나에게 행복을 줄 사람도 결국 당신이니까요.

애원

그대 내게 머물러 주십시오.

오늘같이 내 가슴이 우울하고
까닭 없이 눈물이 흐를 때
그대 내게 머물러 주십시오.

당신 없는 텅 빈 자리에
바람 같은 외로움이 찾아오면
초라한 나는 마음 줄 곳이 없습니다.

부디 내 곁에 머물러 주십시오.

굳이 사랑한다는 표현은 하지 않아도
따스한 눈빛 하나면 충분한 당신

애써 사랑이란 말을 담지 않아도
느낌만으로 알 수 있는 당신

강이 흘러 바다를 만나듯
내 외로움은 그대 품속으로 스며들게 해 주십시오.

나뭇가지 흔들며 지나는 바람이 아닌
풀잎에 이슬이 앉듯
그대 내게 조용히 머물러 주십시오.

마음 착한 당신, 부디 내 곁에 머물러
외롭지 않은 등불을 켜 주십시오.

안부

내가 힘들고 지칠 때
누군가 내게 안부를 묻는 이가 있다면
그 고운 마음을 내 마음속에
차곡차곡 저금을 하리라
나도 언젠가 그가 힘들고
지친 기색이 보이면 내 마음을 열어
그에게 안부를 물어보리라

벚꽃이 필 때면

벚꽃이 필 때,
문득 그리운 얼굴 생각나거든 꽃잎을 보라.
그리고 마음껏 그리워하라

그도 지금 벚꽃을 보며
나를 그리워할지도 모르잖아.

벚꽃이 필 때,
애써 기억을 지우려 하지 말라.
그도 지금쯤 지친 몸으로 나를 기억 밖으로
밀어버리고 있는지도 모르잖아.

누군들,
아픈 상처 하나쯤 없겠냐마는

벚꽃이 필 때 가슴 한쪽이 덩그렇게 비었다면
저 꽃잎을 보라.
그도 혼자서 울고 있을지 모르잖아

벚꽃이 피던 날
너를 보내고 나는 아무것도 할 수 없었다.
그래서 벚꽃이 눈처럼 날리는지도 모르잖아
그도 지금 저 날리는 꽃잎을 보고 있을까

벚꽃이 우수수 떨어질 때는
그것이 내 눈물인 줄 알라.

나 그렇게 살고 싶습니다

당신과 함께 하는 인생 여정에
믿음과 진실만을 건네며
조금이라도 당신에게 감사하는
그런 사람으로 살고 싶습니다.

눈이 내리는 날엔 눈을 막아주고
바람 부는 날엔 행여나 찬바람이 여밀까
옷깃을 세워주는
그런 사람으로 살고 싶습니다.

외롭다고 느껴질 때 당신에게
한 잔의 따뜻한 커피가 되어주고
비가 오는 날엔 당신에게 우산이 되어주는
그런 사람으로 살고 싶습니다.

낙엽 지는 날 혹여 외로울까 팔장 끼고 걸으며
뒹구는 낙엽을 보며 당신에게 아름다운 시 한 편
읽어주는 그런 사람으로 살고 싶습니다.

뜨거운 여름날엔 시원한 소나기로
추운 겨울 당신에게 따뜻한 이불이 되어주는
그런 사람으로 살고 싶습니다.

당신이 힘들고 지칠 때,
기댈 수 있는 어깨가 되어주고
혹여, 외롭고 그리울 때
안아줄 수 있는 넓은 가슴으로
나 그렇게 살고 싶습니다.

나 당신에게 사랑과 행복만을 채워주고
영원히 당신 한 사람만 보듬고 사랑하는
그런 사람으로 살고 싶습니다

진정, 그렇게 살고 싶습니다.

제목 : 나 그렇게 살고 싶습니다
시낭송 : 박영애
스마트폰으로 QR 코드를 스캔하면
시낭송을 감상할 수 있습니다

내가 살아온 동안

삶의 무게가 가슴을 후비는 오늘
하늘을 올려다보며 눈물을 훔친다.

세월의 고단함으로 단 한 번이라도
마음 편한 날이 있었던가.

돌이켜 보면 내 인생은 늘
자욱한 안개처럼 앞이 보이지 않았다.

내가 가야 할 곳이 어딘지
내 마음 정착지는 늘 안개로 뒤덮여
내 가슴을 사정없이 후벼판다.

생의 늙그막에 모든 걸 다 비웠건만
가슴 한쪽에 숨겨진 비애는 심장을 할퀸다.

단 한 번이라도 좋다,
안개 속에 가려진 희미한 불빛이라도
새어 나오길.

숨이 턱턱 차오르는 인생길
때로는 그것을 견디며 사는 것이라고.

더 가까운 곳으로

그대 내게 한 발짝 더 가까이 오십시오.
보이지 않은 유리 벽에서 서성이지 말고

그대 내게 한 발짝 더 가까이 다가오십시오.
함께 쓰는 우산 속에서
서로의 어깨가 젖지 않도록

행여, 당신이 눈물 흘린다 해도
내가 손수건 한 장 건넬 수 있는 곳에 머물러 주십시오.

혹여, 당신이 등 돌려 떠난다 해도
한번 애원하며 잡을 수 있는 가까운 곳에 있어 주십시오.

그것이 당신에게 보내는 간절한 소망입니다.

당신이 보이지 않은 안개라면
나는 비가 되어 당신 곁에 머무르리라.

잊히지 않는 그대

오늘도 나는 그리움을 안고
길을 나섭니다.

잊지 못할
해맑은 그의 미소와 그의 눈빛,
나에게 주어진 그리움이란
그대와 늘 함께 있지 못함입니다.

그대 내게 없으니 이렇게 아픈 것인 줄
나는 미처 몰랐습니다.

당신을 만나면 행복할 줄 알았지만
오히려 심장을 도려내는 것 같은 고통,
사랑했기에 온 세상이 다 내 것인 줄 알았습니다.

몇 번이나 놓아버리고 싶었지만
그럴 때마다 물밀듯 밀려오는 그리움

단 한 번이라도,
단 한 번만이라도 뵙고 싶어
견딜 수가 없는 이 밤,

그래서 어느 낯선 거리를 기웃거리며
헤매는지도 모릅니다.
아직 그대의 숨결은 내 몸속에 흐르고 있건만

내 가슴을 열 수도 찢을 수도 없으니
오직 내게 잊히지 않는 단 한 사람
지워지지 않는 그대여

6월의 사랑 꽃

호텔 커피숍에서
처음 만났던 그대
커트 머리에 빛나던 눈동자

난 커트 머리를 하고 왜소해 보이는
당신을 외면하고 그 자리를
박차고 나왔지

세월이 흐르고
6월의 장미꽃 필 때
전화 속 그녀의 목소리

내게 딱 한 번만 더 만나 달라는
애절한 당신의 말에 흔들린 나

열렬한 그 사랑 끝에
한평생 당신과 함께 하루를 맞는
행복한 남자

내가 싫어할까 봐 그날 이후
한 번도 좋아하는 커트를
하지 않는 착한 그녀

그녀는 진정한 천사였다.

내 마음에 입춘

가슴 시리는 겨울은 가고
내 품에도 봄이 오고 있다
지나간 아픈 상처는 생각한들 뭣하나
마음만 스릴 뿐이지.

겨울이 오듯 또 시련이 온다 해도
봄을 맞이하듯 나 그렇게 시련을 딛고
훌훌 털고 일어날 거야.

마음 밭에 꽃씨 하나 심어
그 꽃이 활짝 피는 날
나는 나에게 한평생 잘살았다고
말해 줄 거야.

주위를 둘러보라

시련은 공평하게 온다
다만 시기가 다를 뿐

내가 행복하다고 모두가
행복한 것은 아니다

내가 불행하다고 모두가
불행해야 하는 것도 아니다

지금 주위를 한번 보라

절망이라고 좌절할 필요는 없다
고개 숙여야 할 이유도 없다
눈물을 딛고 일어선 이가 그 몇이던가

누구나 한번은 겪어야 할 홍역일 테니.

나무

나무 한 그루의 소중함을 알라.

바람은 그 잎을 얼마나 흔들어야
아픔을 깨울 수 있을까.

나무는 그 얼마나 산고의 통증을 느껴야
싹을 틔울 수 있을까.

나무의 눈물을 본 적 있는가,

나무가 눈물을 흘린다는 사실을
아는 사람은 많지 않다

나무는 마지막 한 잎까지 떼어내는데
그 고통을 아는 사람은 많지 않다

나무가 베어질 때 그 아픔을
아는 사람은 그리 흔치 않다

나무가 모여 강을 이루고
그것들이 모여 바다를 만드나니

나무는,
죽어서도 자신을 태워
누군가에 온기를 데우나니

나무 한 그루의 소중함.

공간

하늘과 땅 사이에
꽃들만 핀다면 얼마나 향기가 날까.

하늘과 땅 사이에
새들만 지저귄다면 얼마나 행복할까.

하늘과 땅 사이 넓은 공간엔
시기와 질투, 허언과 이별
수많은 아픔이 있지 않더냐

여기서 우주와의 공간은 그 얼마나 아득하랴
또 나와 함께 있는 너와의 거리는
또 얼마나 가까우랴.

너의 향기를,
넓은 공간에 흩어져 느낄 수 없는 것보다

너와 나의 공간은 작지만, 그 공간에는
너의 머리 냄새와....
너의 아름다운 향기와....
또 그 맑은 눈빛을 느끼며...

아름다운 너의 머릿결이 찰랑거리고
너의 향기와 속삭임이 있기에....
소박한 그 공간은
내게 참 행복이여라.

함께 있는 동안은 행복했다

우리는 같은 차를 타고
숨을 나눠 마시며 함께 떠났다.
길고 먼 여행은 아니지만
서로가 마음을 주고받기엔
시간은 충분했다.
다만 겉으로 드러내지 않았을 뿐,
몇 번이나 눈을 마주할 때마다
가슴 밖으로 내뱉고 싶은 말
지금 그를 껴안지 못한 것은
사랑이 없어서가 아니다.
추운 날 내 뜨거운 심장을 끄집어내어
그대에게 주려 함이니,
내가 행여 늦은 밤, 잠 못 이루는 건
커튼 밖 물밀듯 밀려오는
그대 흔적 때문이니라.

하늘에는

하늘에는 별만 있는 줄 알았습니다
하늘에는 달만 있는 줄 알았습니다

그게 아니었습니다

하늘을 쳐다보니 눈물도 있었습니다
하늘을 쳐다보니 그리움도 있었습니다

하늘에는
축복과 은혜로움이 반짝이며
내가 언젠가 고통스럽게 걸어가야 할
비좁은 통로도 있었습니다

아득히 보이는 별을 보며
한가지 소원을 빌어봅니다

하늘에는 하늘에는
꿈도, 그리고 희망도 있었습니다

너를 위하여

내가 한 자루 초였을 때
너는 나를 태우는 불꽃이 되었지

내 몸이 불타 눈물이 흐를 때
그것을 지켜보는 너는 아픔이었지만

너 또한 나를 위해
그 한 몸 모두 태웠으니

나는 너를 위해 기꺼이 이 한 몸
바치오리라

공평한 세상은
내가 만든다

천준집 제4시집

2025년 10월 27일 초판 1쇄
2025년 10월 29일 발행
지 은 이 : 천준집
펴 낸 이 : 김락호
디자인 편집 : 이은희
기 획 : 시사랑음악사랑
연 락 처 : 1899-1341
홈페이지 주소 : www.poemmusic.net
E-Mail : poemarts@hanmail.net

정가 : 10,000원
ISBN : 979-11-6284-617-9

저작권자와 맺은 특약에 따라 검인은 생략합니다.
잘못된 책은 교환해 드립니다.

시인의 말

마음 쓰고 실천하며
흔적을 남겨봅니다.
서투른 글솜씨이지만

부처님 교훈
자연과 사물 관찰
내 삶의 성찰 조금 묻어 있습니다.

수행하고 포교하며 지나온
자취도 들어 있어서
이번에는 지난날 출간한 네 권 시집을 토대로
다시 쓴 시와 근일에 쓴 시를 더하여
조심스레 엮어봅니다.

시집을 보시고, 흐린 마음
맑아지고 지혜로운 행에
도움 되기를 바랍니다.

차례

● 시인의 말

제1부 수행 흔적

나의 시 ——— 12
구름 ——— 13
당신께 드리겠어요 ——— 14
여주 ——— 15
무無 ——— 16
글모음 선물 ——— 17
봄을 드립니다 ——— 18
은월산 반딧불이 ——— 19
님의 이름을 불러요 ——— 20
두 번째 화살을 맞지 말라 ——— 21
밤 ——— 22
경주 남산 ——— 23
무위사無爲寺, 백의관음도白衣觀音圖 ——— 24
섬진강 ——— 25
염전 ——— 26
산사의 봄소식 ——— 27
태화루太和樓 ——— 28

태화강 ──── 30
바다가 하는 말 ──── 32
목어木魚 ──── 34
참 예쁘다 ──── 35
열두 살의 이별 ──── 36
선열禪悅 ──── 38

제2부 살아가며

덕진공원 ──── 40
오대산 상원사 ──── 41
떠남 ──── 42
지리산 대원사 계곡에서 ──── 44
해변의 밤 ──── 45
울산광역시 ──── 46
울산 고래 ──── 48
여의주如意珠 ──── 50
돈 1 ──── 51
돈 2 ──── 52

사람을 위해 ——— 54
오징어 건조장 ——— 55
극락선원, 오후 ——— 56
촛불 ——— 57
근하신년謹賀新年 ——— 58
법보시法布施 ——— 60
어머니 교훈 ——— 61
연꽃처럼 햇살처럼 ——— 62
우리는 좋은 인연 ——— 64
시인詩人 ——— 65
알아차려 행복 짓기 ——— 66
나는 본래 누구인가 ——— 68
진시황 병마용지 ——— 70
고이고이 가옵소서 ——— 72
귀뚜라미 ——— 73
해탈 경지 이르소서 ——— 74

제3부 순례

나의 소유 목록 ──── 76
날씨 ──── 77
정토사 설경 ──── 78
비우자 ──── 79
몰디브 앙사나에서 ──── 80
해변을 걸으며 ──── 82
주름살 펴기 ──── 83
공원 묘원 가는 길 ──── 84
서울의 밤 ──── 85
만리장성 ──── 86
부석사 입구 ──── 87
톤레사프호수 사람들 ──── 88
사립문 ──── 90
바다처럼 ──── 92
달나라 가려는데 ──── 94
뜰 앞 홍매화 ──── 95
바다 ──── 96

무상 알면 꽃길 ──── 97

꽃길 1 ──── 98

꽃길 2 ──── 99

울산 갯마을 ──── 100

제4부 자연소감

울산대교를 지나며 ──── 102

낮달 ──── 103

화전놀이 ──── 104

죽순나물 ──── 105

태화강 십리대숲 ──── 106

태화강 국가정원 ──── 107

비행기처럼 ──── 108

연꽃처럼 ──── 109

오색불상 탄생기 ──── 110

동련회가 ──── 112

무문방無門房 ──── 114

무소유 ──── 116

염색 삼매 ——— 117
산딸기 1 ——— 118
산딸기 2 ——— 119
차나무꽃 ——— 120
풀꽃 ——— 121
상원사上院寺 적멸보궁寂滅寶宮 ——— 122
호수 공원 ——— 124
평화의 봄소식 ——— 126
목련꽃 인연 ——— 127
동백꽃 ——— 128
염불마음 행복나날 ——— 129
빗소리 ——— 130

▨ 덕진의 시세계 | 구모룡 ——— 131

제1부

수행 흔적

나의 시

나의 시는 살아 있는 삶이다
그때 그 느낌
그대를 찬양하고 자연도 찬양한다

시는 노래요
사자후獅子吼다

부드러움으로 껴안기도 하지만
사랑의 회초리로 후려쳐
밝고 탄탄한 길을 내기도 한다

어둠을 밝히는 종소리다

구름

모였다가 흩어지고
보였다가 사라지는,

길 아닌 길 흘러가고
쉼터 아니라도 쉬어간다

간섭받거나 눈치 볼일 없어
제 몸 무거우면 물이 되어 흐른다

집착 없는 동자승, 구름 따라 걷는다

당신께 드리겠어요

당신 위해 당신께 드리겠어요
아침에 눈 뜨며 무심히 짓는 해맑은 미소를

당신 위해 당신께 드리겠어요
온종일 땀 흘려 일하고
붉은 노을 바라보는 상쾌함을

당신 위해 당신께 드리겠어요
봄날 씨 뿌려 여름 내내 가꾸어
황금벼 일렁이는 가을 들판
보는 기쁨을

당신 위해 당신께 드리겠어요
지난날 꽃길 추억도
오늘날 무지갯빛 희망도 다 지워서
해맑은 마음을

여주

씁쌀 씁쓸한 맛이
먹을 만해 입맛 당긴다

울퉁불퉁 몸매
볼만 해 눈길 끌린다

씁쓸한 살맛도
울퉁불퉁 살아온 길도
내 삶에 있었다

달짝지근한 맛만 있다면
평탄 매끈한 길만 있다면
인생 삶이 무슨 재미가 있으랴!

무無

늦가을 선방 앞 뜰
바람 소슬하다

산은 물길 내어주고
물은 나무를 흔들어
금목서 계수나무가 향을 내뿜는다

향기롭다는 이 생각
무자에다 매어둔다
기쁨도 환희도 무 무 무無

글모음 선물

드릴 게 없어 종이 뭉치라도 드립니다

잉크 묻은 종이도
무심히 낙서한 종이도 있습니다

아니 펼치고도
안다면 더욱 좋지요

굳이
거북이 털[龜毛]을 붙인다면
소인의 뜻이 지나간 흔적이랍니다

봄을 드립니다

드립니다. 나누어드립니다
향기롭고 싱싱한 봄을

인욕향기 매화 협동단결 개나리
겨울 이겨낸 동백 미소 짓는 산수유
민들레, 냉이, 미나리

쟁반마다 가득 담은 손맛
한마음 선율에 얹어
고맙고 반가운 분들에게
꽃다발 바구니에 소복소복 담아드립니다

산야에
도량에 찬란한 봄을
감사와 사랑으로 엮어드립니다

은월산 반딧불이

뒷산, 붉던 노을 지자
실달이 얼굴 내밀고

산책길 공원묘지 어둠 내리면
허공에도 길이 있다는 듯
길 안내하는

맑고 맑은 곳에만 모여 산다는 너
정토사淨土寺 뒷산, 소문 듣고 찾아왔을까

사람들은 무섭다 말들 하지만
반딧불이는 걸림 없이 신나게
이리저리 숨바꼭질한다
오늘도 반딧불이 내 친구와 놀아야지

님의 이름을 불러요

그리운 님을 부릅니다
간절한 마음으로
외롭고 지친 몸
기대고 의지하고파서
나약한 철부지가 철들어 바르게 가도록

허공에 가득 찬 님의 모습
우러러보면
땅속에 스며들듯 안겨들지요

먼바다 건너 계실지라도
염주를 돌릴 때면 님이 보입니다
그리운 님이 보입니다

몸 바쳐 절을 올립니다
바치면 바칠수록 가까이 다가오는
당신이 보입니다

두 번째 화살을 맞지 말라

눈물마저 말라버린 아픔을 만나기도 하지

예고 없는 가족의 이별
예상 못 한 발병에다
갑작스런 사업부도까지

부처님은 두 번째 화살, 맞지 말라 하셨다

고통도 눈물도
억지로 잊으려 하면 할수록
깊어지고 넓어지는 법
쉼 없는 염불 독경에

일염一念 염불 · 독경 · 명상冥想
그중 쉬운 것부터
분수에 맞는 취미 생활이면
스스로 잡념 번뇌 사그라드는 거지

밤

비탈진 산 중턱에
거름 주고 풀을 베어 준 밤밭

산들바람 따라
제 흥에 겨워
알몸을 내밀어 해탈하는 밤

가시갑옷 입은 다정한 삼 형제

제상에 밤을 올리는 까닭
형제 우애로 잘 살라는
살아생전 부모님 말씀 들리는 듯

경주 남산

불심이 돌에 새겨져
돌과 부처가 불이不二요
마음과 돌도 불이不二라네

세월은 부처님 얼굴도 지우고
사랑도 지우고
코도 팔도 깨뜨렸네

돌이 변하고
인심도 변하니
모든 게 변하고 또 변하지요

불교 인연법은 불변이요
불심佛心도 불변이니
남산은 언제나 불국토일세

무위사無爲寺, 백의관음도白衣觀音圖

색바랜 극락보전
바람의 말 읽는다

불단 뒤에 백의 관음보살
풍경소리 은은한데
자비 미소 물결 겹겹이 퍼진다

연잎 한 장, 타고 오자
그 앞에 무릎 꿇어 기도하는 저 노승老僧

문득,
어느 생이든
내 모습일지도?

섬진강

유리보다 맑은 물
산도 하늘도 나도 그 속에 있다

백금을 뿌린 듯
굽이굽이 찬란한 은빛 모래벌

칠불사 아자방亞字房 일곱 태자
부처님 된 법리 흘러 신령한 물

작설차 머금은 청량한 물
쌍계사 범종 소리도 스며들어
화개장터 하동장터 휘감아
목도들판 알곡식으로 영근다

남도민의 젖줄, 우리의 향수여

염전

바닷물 네모 칸칸 담거
찬란한 거울

좋던 햇볕 날아가고
곱던 노을 사라져도
염부의 땀이 보태어져
식탁에 왕이 되었지

네모 칸칸 벽 쌓고 사는 이웃들
서로 간의 벽 허물고
소금처럼 되기를

산사의 봄소식

비 그친 지난밤, 목련 나무엔
새하얀 나비, 수백 마리 앉았네
때마침 핀 진달래
키 큰 나무의 발목에 분홍양말 되고

화사한 벚꽃들
뭉게구름 채색하듯 피어나고

사람들은 우와 우와
찰칵찰칵

이들이 다 함께
밝고 찬란한 환희 합창 부르니
고요 속, 한가한 도량에 고운 봄
더욱 빛난다

태화루太和樓

태화강 깊은 물살 굽이치는 언덕 위
우뚝 선 누각 울산의 명소
시민의 자랑거리다

천여 년 전 태화사 대문 위에
대화합 대평화 외치던 범종루梵鍾樓*
자장율사께서 불사리佛舍利 모신 탑과
크고 작은 전각殿閣들은 어디로 보냈는지

홀로 서서 버티다가 뼈와 살을 잃고
현판懸板만 숨어 지낸 인고忍苦
세월 얼마였던가?

세상 인연 따라
산업 세상, 생태 도시 일백만 울산 시민 성원으로
장엄한 누각 다시 세워져 섬세하고 화려하다

누각 옆 십리대밭 꽃밭단지 조화로워
대한민국 제2호 국가정원 되었다

인심도 세상도 묘한 어울림
화려한 조화도 변화무상하다

* 범종루梵鐘樓 : 큰 종을 매달아 울려 불법佛法 펼친다는 누각. 태화루는 태화사 대문채 위에 대종 매달린 누각이었다고 전해온다.

태화강

가지산 석남사 수행승의 자비 지혜
방울방울 담아
산과 들의 신음 마을마다 애환
집집마다 살림살이 모두 안고서
내색 없이 흘러흘러 간다
나도 언제나 닮아야지

선바위 감돌아서 만인을 불러 모아 시가市街 이루고
십리 대밭 상쾌한 길 시민 건강 지키고
담수어 뛰놀고 연어가 돌아오는 사연을
자세히 들어야지

물 위엔 수영객 물속엔 물고기 떼
빈터엔 체육대회 고래축제 연등 축제
모두 함께 춤추는 큰 뜻
속속들이 알아야지

문수산 기상 무룡산 수목 동해의 물결까지
티 없이 신선한 생태도시
풍요로운 산업 후한 인심 기르고 가꾸어
오래오래 지켜 가야지

큰 평화의 강물이란 태화강太和江 이름처럼
미래로 세계로
유유히 나아가야지

바다가 하는 말

파도 소리 쏴쏴 쏴아
꾸밈없는 곡조

망망한 저 너머에서
너울너울 춤추며 다가오다
희디흰 백옥 한 아름 쏟아
내 얼굴 감싸주네

잔잔한 속삭임에
내 마음 스며들고

엄마 품이 그리울 때 바다로 오세요
근심 가득할 때 씻으러 오세요

유리처럼
백옥처럼
마음 씻어드리오리다

아프면 안 될 사람들아

모든 것 내려놓고

파도처럼 울어보라

말 못 할 속울음을 울어보라

방파제가 부서지도록 울어보라

목어木魚

두드리고
부딪혀도
그냥, 속으로 앓는다

물이 그리워
몇 겁을 보낸 세월
깡마른 나목으로 살아가지만
두 눈 시퍼렇게 살아 색성향色聲香으로
우렁차게 외친다,

이승이 좋아
저승이 좋아 물어보지만
물 없는 바다에서 내장 없이 살아갈 뿐

참 예쁘다

사랑의 손길은 꽃들도 안다

어제도
오늘도
날마다 보는 얼굴

참 예쁘다
꽃이 늘 웃어주듯

웃는 얼굴은 볼수록 꽃처럼 향이 난다

열두 살의 이별

누님 시집가던 날

신부 출出
신랑 배拜
신기한 전통 혼례에 마음 빼앗기고
진귀한 음식과 일가친척이 반가워
이별의 아픔은 생각도 못 했다

삼 일 후
시댁에 남겨진 누님을 돌아보며
정녕 이별이 아니라고 아주 이별 아니라고
몇 번을 다짐하고 다짐했지만
서러운 내 마음같이
어지러이 흰 눈발은 펄펄 날리고
하염없는 눈물만 흘러내렸다

열두 살의 인생

등 하나를 잃어버린 듯한
아픈 이별을 보았다

선열禪悅

창공에 오색실로 포근한 집
뭇 새들 쉼터 되어
예배 공경 받는다 해도

별천지 수정궁에서
별주부와 물고기들과 춤추고 노래하며
한세상 누린다 해도

검은 흙집, 참선방에
머무름 없는 기쁨만은 못하리

제2부
살아가며

덕진공원*

싱그러움 넘쳐나는 공원
흥겨운 일벌들의 춤사위가 부럽다

입에는 함박웃음
두 눈엔 연못 가득
가슴엔 찰랑이는 햇살
연지를 걸어가는 신선인가 부처인가

하프처럼 줄 드리우고
바람이 곡예를 하는 긴긴 현수교
생황 소리인 듯
비파 소리인 듯

연꽃을 흔들며 향을 퍼트리는
물바람이 신선하다

* 전라북도 전주시 덕진구에 있는 큰 연못 공원.

오대산 상원사

영산전 부처님 환한 미소
선승은 제자리 허공 부여잡고

녹슨 범종 눈물이 말랐다

고뇌 씻어주는 개울물
계곡마다 찰랑이고

삼라만상 삼킨 듯 암반은 묵언 중

창공을 찌르며
창대처럼 솟은 주목
바른 지혜 알알이 님께 바칠 그날까지
간절한 마음 불사르며 제자릴 지키고 섰다

떠남

그대여
무슨 사연으로 갔는가

가는 자 인사 없이
남는 자 말도 없이

묵묵히 선정에 드네

가는 님 걸망에 오색구름 그득하고
남은 자 걸망에 침묵 가득하니
나란한 좌복에 선열禪悅 가득하다

길 떠나도 부처님 품 안
오늘 가면 어떠하고
내일 가면 어떠하리

언젠가는 떠나야 할 생

선정도 진리도 말이 없어
생사生死 길 따라갈 뿐

지리산 대원사 계곡에서

진초록과 어우러진 창공
티 없이 맑고 맑아 속세를 떠났네

때죽꽃이 별처럼 매달린
초록길

악기도 없이 장중하고 장엄하게
합주하는 바람결

좌선에 든 여승 얼굴엔 고요가 깃들어

묵언 중인 골짜기
들려오는 님의 말씀 상쾌하고 시원하다

해변의 밤

잔잔한 은빛 미소 마주 앉아 속삭이면
찻잔 속에 빠져든 달이 향기롭다

꿈인 듯 생시인 듯
달님을 끌어안고 잠이든 밤

붉디붉은 햇살을
베개로 벼고 깨어나니
새날 하루가 바다 위에 찰랑이네

울산광역시

가지산 정기 받고 문수산 지혜 얻은
태화강이 동해 만나 천혜의 항구 되니
팔도사람 모여서 산업 수도 꽃피운다
온 시민의 안식처 맑은 환경 풍요 도시
세계로 미래로 힘차게 뻗어 간다

풍요 도시 상쾌한 농촌 신선한 어촌
서로 돕고 어울려서 살기 좋은 보금자리
강산 바다 싱그러운 우리의 터전, 울산
역사 문화 빛나고 자원 풍요한 광역도시
아, 행복한 도시, 세계적인 울산

수렵시대 고래와 호랑이
암각화 지키면서 면면히 빛나고
도구 혁신 부국강병 철기문화
쇠부리 역사로 탄탄히 이어왔다

오대양 누비는 선박들 육대주 달리는 자동차들
온 세상 밝히는 석유제품
그들의 고향 우리의 자랑

태화사터 태화루가
만백성 평화 번영 빌고 빈다

울산 고래

선사시대 반구대 바위벽에 살던 고래
21세기 시가市街에 내려와 놀고 있다
집안에도 공원에도 가로등에도
힘차게 브리칭*을 하며 놀고 있다

고래잡이 흔적 따라 유적 모은 박물관
이야기 속 귀신고래 출몰하고
뼈만 남은 고래에 해설의 살 붙여
박물관은 들썩들썩 춤을 추고 있다

고래들이 주역主役된 반구천의 암각화
세계유산 등재되어 온 누리에 빛난다
세계인 이목 집중 한국의 보배 울산의 자랑거리

생태체험관 돌고래 춤사위에
함박웃음 피고
고래문화축제 브랜드에

세계인 눈길 몰려오고

4D입체 영화 바닷속 신비 여행에

호기심 어린 까만 눈동자들

세상을 통찰한다

고래관광 유람선이 고래 찾아 달려 간다

울산 고래 하는 말

"우리 입장 우리 의견 들어 보았소?"

* 브리칭(breaching): 고래가 물 밖으로 힘차게 솟구쳤다가 다시 수면으로 떨어지는 행위.

여의주如意珠

내 뜻대로 이루어지는
구슬 하나 가지고 싶다

한가하니 거닐고 싶다

명예 재물 얽힌 인연들
훌훌 털어 버리고
산이 들어오고
구름이 들어와 사는 호수이고 싶다

내 뜻대로 이룬다는 게 어떤 맛인지
금당에서 여의주를 문 용은 알고 있겠지
언제 한 번 날 잡아 물어볼까나

돈 1

쓰기 위해 버는 걸까
모아 쌓기 위해 버는 걸까

살다 보면 알게 되는 돈 돈 돈
너도나도 돈의 노예가 된다

오늘도 제대로 못 살면서
보이지 않는 내일이 두려운 걸까?

비워야만 채워진다는 걸 모르고
하염없이 돈을 모으기만 한다

돈 2

없어도 걱정 많아도 걱정
돌고 도는 것이 돈인데

벌 때 힘들고
쓸 때 애태우고

기분 좋게 만지는 돈
자세히 보니 세균덩어리
다시 보니 근심덩어리

나눌 땐 화목해도
움켜쥐면 독이 되는 돈

적게 가지면 마음 가볍고
많이 가질수록 두려운 것

다 쓰고 가면 화목하고

남기면 시끌벅적 싸움질

돌고 돌아서 돈이 아니라네

독인 줄 알면 저독성
독인 것도 모른다면 맹독성

사람을 위해

부득이한 일로
화물차를 세워 신세를 졌다
조수석에 탔다
비린내와 쩐내가 엄습한다

송구합니다 스님,
고기 싣는 차에 모셔서
아닙니다 아니에요
이 모두가 사람을 위한 냄새지요

당신도 나도
지금 사람을 위해 가고 있소이다

오징어 건조장

달리고 춤추던 고향
그립고 못 잊어
바닷가 건조장에서
바람 따라 춤춘다

철썩 철썩 쏴~아 쏴아
줄줄이 서서
평행봉 체조 신나게 한다

내 몸 하나 뜯기고 찢어져서
만백성이 즐긴다면
내 뜻 다 이루었다
오징어가 살신공양殺身供養하는구나

극락선원, 오후

꽃잎도
나뭇잎도
바람 한 점 없는 깊숙한 가을 오후

선승은
시공이 일치하는 고요함에 젖어
뛰다가 날다가
좋은 날 좋은 기운을 받아
정진의 나래를 펼친다

촛불

업보도 욕망도
몸을 녹여
변하고, 밝히고, 바치는 무한 무궁

인연으로 얽힌 근심도 불사르고
따르딱 따르딱 관세음보살 관세음보살
법당을 휘감는 울림 파동
님께 바친 빛들 모여
고요의 호수를 만든다

근하신년謹賀新年

새 빛이 묵은 것 비추니
천지가 아름답다

날마다 새 각오로 정진하니
날마다 좋은 날일세

묵은 것 새것이
인연 속에 가고 오니
그 무엇에 얽매일까?

원력願力이 크면 희망이 현실 되고
뜻이 바르면 길이 열린다

순리대로 최선을 다하고
만족함이 참다운 행복이다

자신을 바로 보는 마음

자타가 한 몸이라는
대자비의 얼굴마다
밝은 미소 가득하다

법보시 法布施

주어도 주어도, 아무리 주어도 줄지 않고
주면 줄수록 불어나고
비워야 채워지듯
은은한 후광이 더 아름답다

아는 대로 말해주고
누구에게나 일러주는
주면 줄수록 부풀어 오르는 환희
막힌 목이 뻥 뚫리는 이 시원함

어머니 교훈

흙 파고 씨 뿌려야 행복 온다 하셨지요
동녘이 밝아오면 흙과 함께하시면서

책 읽기 싫으면 도랑 쓸고 쇠꼴 베라시며
성적보다 참는 법을 일렀지요
되로 배워도 말로 글 쓰라시던
자식이 아플 땐 약 찾아 동분서주

언제나 당당하게 헌신하신 어머니 교훈
시공時空에 새겨져 다가옵니다

연꽃처럼 햇살처럼

부모 일손 거들고, 힘든 이웃 도와 가며
실업고교 진학한 김 군
마음 맞는 여자 만나 복된 가정 이루고

신토불이 외쳐가며
수입 농산물과 떳떳이 경쟁하는 정 씨
철 따라 씨 뿌리고 북돋우며 행복 농사짓는다

입만 열면 국민 위한다는 말쟁이 정치꾼
권력에 빌붙어 아부하는 사업가
참된 교육, 인성 교육 말만 앞세우는 사람
장사 안된다 엄살 떨며 돈만 잘 쓰는 장사꾼

이런저런 꾼들 많지만
비룟값 인건비 약값까지 제하면
남는 거라곤 외상값 허리 통증뿐이지만
그래도 참고 살아가는 사람 많다는 거

하루하루 분수에 순응하며
햇살처럼 살아가는 좋은 사람 많다는 거

우리는 좋은 인연

고향이 어디냐
소득이 얼마냐 묻지 마세요

건강한 몸
편안한 마음
언제나 고운 미소
서로 존중 배려한다면
우리는 좋은 인연

가족도 학력도 묻지 마세요
자기 일에 몰두하고 불만 없는 밝은 모습
서로서로 공감한다면
우리는 좋은 인연

시인詩人

시인은 시를 쓸 때도
명상을 할 때도
아무 일 안 해도 시인이다

어디든 찾아가도
가만히 있어도 아는 체해
반가이 만나는 詩

임기도
근무처도 정한 바 없어 좋다

그저 맘 가는 대로 그려 낼 수도 있고
품고 있을 수도 있다

해서
시인은 내사유인, 대 해탈자

알아차려 행복 짓기

내 마음에 아름답고 화사한 미소도 있고
내 마음에 미워하는 독화살 분노도 있다.

명석한 지혜 있고 캄캄한 우둔함 있다.
상쾌한 안락 있고 쓰라린 고통도 있다.

미소 분노 지혜 우둔 안락 고통 그중에서
어느 것을 골라 쓰나 어떻게 다스리나.

일어나는 생각마다 알아차려 잘 다스리면
어디서나 밝은 얼굴 언제나 행복일세

내 마음에 무한소유 욕망 집착 탐욕도 있고
내 마음에 자비보시 나눔 봉사 깃들어 있다

성실하게 실행하는 부지런함 쌓여 있고
느릿느릿 행동하는 게으름도 들어 있다.

욕망 집착 자비보시 근면 나태 그중에서
어느 것을 골라 쓰나 어떻게 다스리나

일어나는 생각마다 알아차려 잘 쓴다면
어디서나 밝은 얼굴 언제나 행복일세

나는 본래 누구인가

나는 본래 누구인가 어디에서 왔는가
본 것은 무엇이며 어디로 가고 있나
부모님이 주신 이 몸 무엇을 해야 할까
민족 자손 국민 도리 온전히 다해야지

잡념 번뇌 버리고서 가나오나 한결같이
온 생각 집중하고 그 생각 알아차려
내 마음속 불성 보니 내 자신이 본래 부처
자비 지혜 완전 행복 온 누리가 평화 세상

내 전생 무엇인고 어떤 인연 있었을까
남은 생엔 무얼 할까 내 생엔 어디로 가나
나도 너도 인생살이 행복을 누려야지
욕망 집착 분별심도 모두 모두 버려야지

맑은 경지 고요 속에 내 본성 찾아야지
한 생각 몰입하고 그 마음 알아차려

내 마음속 불성 보니 내 자신이 본래 부처
자비 지혜 완전 행복 온 누리가 평화 세상

진시황 병마용지*

동서고금東西古今에 자신을 최고로 만들고
모든 인류人類 중 자신에게 가장 많은 투자 한 사람

그 많은 투자, 중원 대륙 인구의
무진재산無盡財産 되었다
수많은 병마兵馬가 두 눈 부릅뜨고 지킨다

병마 토기 빚다 채찍에 쓰러지는
선량 무고한 백성의 신음이 쟁쟁한데
"황제 폐하 만만세" 아부꾼 함성이
뒤범벅되었다
"이 병마가 나라와 황제를 지킨다.
대역사大力事에 참여하여 쉬지 말고 충성하라"는
위정자의 궤변이 시황제 욕구를 채운다

"충성이다 위민爲民이다"라는 구호 처방은
독재자가 가장 필요로 하는 것

고금에 독재자가 악용하는 처방이다

* 세계적인 문화유산으로서 진시황릉에서 발굴된, 흙으로 구워 만든 전투 대열 병마. 중국 산시성 시안시 소재.

고이고이 가옵소서

미련도 놓고 후회도 놓고 얽힌 사연도 놓고
생사고해 벗어나서 인연 따라 가는 님이여

허공 같은 청정 본성 바로 보아 흔들림 없이 가시는 길
걸림 없는 바람처럼 청아하게 가옵소서

지장보살 원력으로 업장 고통 사라지고
마음속에 맺힌 한 봄눈 녹듯 사라져서

아미타불 영접받아 자유자재 해탈 경지 이루소서
고요한 열반 경지 고이고이 이르소서

순풍 타고 별빛 따라 훨훨 날아가옵소서
배웅하는 저희들도 애별리고 넘고 넘어

나날마다 인연 따라 담담하게 사오리다
생명과 영혼의 인도자이신 부처님께 귀의합니다.

귀뚜라미

"끼르르 끼르르"
정진 삼매에 동참한
귀뚜라미 청순한 노래

텅 빈 세수간에서
무얼 먹고 힘을 냈을까?
어디서 수련하여 목청 다듬었을까?

관 세 음 보 살
관 세 음 보 살
끼르르 끼르르
끼르르 끼르르

염불소리 노랫소리
노랫소리 염불소리
내가 귀뚜라미가 되고
귀뚜라미가 내가 된다

해탈 경지 이르소서

시시각각 변화하는 무상한 인연이요
서로서로 의존하는 홀로 아닌 인연이요

인연 따라 고이고이 떠나시는 영가시여
님의 육신 인연대로 생로병사 지나갔어요

님의 마음 맑고 밝은 본 성품 그대로니
인생살이 애착 집념 미련 없이 벗어놓고

부처님의 인도받아 부처님의 손을 잡고
가나오나 자유로운 해탈 경지 이르소서

나무아미타불 나무아미타불
나무아미타불 나무아미타불

제3부
순례

나의 소유 목록

세끼 양식과 소박한 거처
추위 막을 옷이 있어 안심이고

살아 있는 것들, 고락의 소리 듣는 귀가 있고
진리와 의지 말할 입이 있다

대자연의 신비를 볼 수 있는 눈이 있고
얼음 속에서 피어나는 매화향 맡을 코가 있다

사람 만나면 반갑게 악수할 손이 있고
포근히 안아줄 가슴이 있다

부처님의 자비 지혜를
언제, 어디서나 나누어 줄 것과 의지가 있다

날씨

하늘 맑으면 상쾌해 좋고
구름 끼면 포근해 좋고
비 오면 시원해서 좋아

눈 내리면 내 마음도 하얀 세상

날씨는
자연 섭리 따르고
마음 변덕은
내 안에 있어 내가 다스린다

정토사 설경

선녀들이 소복소복 복을 내려 소복소복 쌓이니
근심 걱정 흔적 없이 달아난다

장미에 가시 있듯
부드러운 솜덩이 날카로운 창날 있어
정신 번쩍 든다

대자연 장광설법長廣說法
세상 어지러움 지워나가니

염불도 화두도 잠시 내려놓고
흰 눈, 뭉치니 유년 추억이 뭉쳐져
천진 동자 된다

비우자

기쁨을 채워서 근심을 비우자

고요를 채워서 잡념 비우자

지혜를 채워서 우치 비우자

어디든 갈 수 있고
무엇이든 할 수 있는 데서
삼 할만 비워보자

채우고 비운다는 생각마저
깨끗이 놓아버리자

몰디브 앙사나*에서

섬이 되었다가, 바다가 되었다가
산호가 자라서 죽어가며
이천 개 섬이 된 나라 몰디브
밀물 땐 바다, 썰물 땐 섬

앙사나 섬은 모래와 나무뿐
발에 감기는 하얀 모래
눈에는 푸른 바다
유쾌 상쾌 통쾌 극락이 여기 있네

지금은 오직 바다와 나

수평선 저 멀리 희다가 검다가
두 눈이 흔들리니
하늘도 흔들린다

백옥이 반짝이는 쪽빛 바다 위로

비단이 쏟아지는 듯
환희 가득한 몰디브 앙사나

* 몰디브 인도 대륙 남쪽 적도에 가까운 2,000여 개 섬으로 된 나라.

해변을 걸으며

말끔한 비단결 모래밭에
수천 개 인장 남긴다

앞서 찍은 발자국
지워지고 또 지워져도
날마다 찍고 또 찍는다

발자국 지우듯이
어제 절망도 화려한 미래도
파도여 지워다오
바다여 모두 녹여다오

깨어지고 부서지는 파도처럼
망상 모두 부서지니
깨달음의 길 바로 여기로구나

주름살 펴기

백발을 검게 염색하듯
주름살도 다림질로 펼 수 있다면

턱밑 수염 자르듯
날마다 번뇌 업장 자른다

원망 집착 욕심 버리면
다림질하지 않아도
밝은 미소 고운 얼굴

공원 묘원 가는 길

화려한 벚꽃 행렬이 이생의 마지막 길을 배웅한다
화동이 꽃가루를 뿌리듯
몸 뒤척이며 화르르 꽃잎을 날리는 벚꽃 나무

진록의 잔디 옆, 홍도화가
우리 마을에 오신 손님, 무슨 일 하다 왔소?

재산모아 만인적선 자식번성했지요

그동안 참 수고 많았소
미안하지만 저 강을 건너오면
육척六尺 띠집에 삼척三尺짜리 돌 문패 하나뿐이라오

서울의 밤

밤 비행기에서 내려다보고 쳐다봐도
수많은 별들
하늘엔 은은한 별
땅에는 반짝이는 별

너도나도 일하며 땀으로 피어난 별
배우고 닦아 사색하며 일하며 피어난 별꽃
빌딩 사이로 은하수가 흐르네

무량겁 꽃타래 화엄
겹겹이 어울려
제망중중찰해帝網重重刹海*로구나

* 하늘나라(제석천)의 보배, 보석이 그물에 줄줄이 달려 서로를 비추어 한없이 빛나고 한없이 많은 장엄한 세계.

만리장성

산을 깎고 바위를 뚫어낸 길
인산인해 고통이 쌓인 산
욕심으로 쌓아 올린 한 많은 성벽

흙 돌 모아 담쌓기보다
선심덕善心德 상하 융통 평화의 담 되었으면

인공위성에서도 달에서도
보인다는 만리장성

부질없다 책망 말고
마음속, 닫힌 말문
모두 헐어 길을 텄으면

부석사 입구

부석사 사뿐사뿐 오르는 길
샛노란 황금 부채

살림살이 부족함에
허전한 가슴속에
황금장 차곡차곡 쌓고 싶단다

비워야 채울 수 있고
채워도 비울 것을…
채운다는 원願도
비울 수 있을까?

톤레사프호수* 사람들

뙤약볕 된바람에 검고 검은 얼굴
팔뚝엔 그물처럼 새겨지는 힘줄
하루라는 끈을 물 위에 던진다

햇살과 물결에 동화되어
지나는 배들마다
그냥, 무구한 미소로 손 흔든다

혼탁한 물 말목 몇 개
그 위에 막대 걸쳐 티움막 짓고
집집이 얽혀 늘어섰다

벽 없는 단칸방에 아이들이 줄줄이
밥 짓기, 잠자리 모두 한 칸에서
흔들흔들 장단 맞춘 한가한 뱃노래

그래도 맑은 눈빛

인연법에 순응하는 삶이 여기 있네

* 캄보디아 시엠레아프 지역에 있는 호수이다. 물 위에 수상마을이 있다.

사립문

안심당安心堂* 길목에 사각 틀 속
크고 작은 대나무들 나란히 나란히 서 있어
옛 고향 사리문**처럼 정겹다

소년 시절 우리 엄마
작은 체격에 다섯 자녀 애지중지 키우셨다
"얘들아! 콩 한 톨도 나누어 먹고
기쁨도 어려움도 함께하며
화목하게 살아야 한다"고 말씀하시던
엄마가 흙먼지 묻은 옷차림으로
사립문 열고 들어오시는 모습 선연하다

꿈에라도 어머님이 오신다면
맨발로 뛰어나가 사립문 열고
밝은 미소로 손잡고 모시겠습니다

* 정토사에 스님이 거주하는 집.
** 사립문(나무 막대나 싸릿대로 엮어 만든 문). 싸리문, 삽작문 등 등 다수 방언이 있다.

바다처럼

곱디고운 해 두둥실 떠올리는 바다
나도 깨달아 탐냄, 성냄, 어리석음 사라져
환히 밝아지면 참 좋겠네

센바람 뙤약볕 머금어도
고요하고 잔잔한 바다
슬픔 고통 힘겨움 다 사라져
내내 평안하면 참 좋겠네

큰 고래 작은 고기 다 품고서
묵묵히 미소 짓는 바다
부자 서민 취약자 협력대화로
항상 화합하면 참 좋겠네

맑은 물 탁한 물 다 마셔도
자나 깨나 싱싱한 바다
칭찬 비방 원망에도 동요 없이

담담히 태연하면 참 좋겠네

동해 남해 서해 물 모두 짭짤한 한맛이듯
보수 진보 중도 서로 손잡고
양보 포용 바다처럼 살면 참 좋겠네

달나라 가려는데

오래전
달나라 토끼는
억겁의 시간 속으로 사냥을 떠났다

그 사이
절굿공이 든 인공위성
달을 빻아 축제를 준비하는지
방앗소리가 쿵쿵 우주의 껍질을 벗긴다
개기월식이 잠시 지나가고

가난과 한을 찧던
긴 여행에서 돌아온 그는
반세기 동안 묻지 못한 너의 안부를 묻는다

달나라 가려는데
북한 땅 못 가리요
북녘 가족들 다 평안하신가요?

뜰 앞 홍매화

검붉은 꽃망울은
설렘과 기다림

새빨갛게 핀 꽃은
싱그러운 님의 향기

사르르 지는 꽃잎은
붉은 나비 떼로 날며
색色, 향香, 미味를 침 삼키며
기다리게 한다.

바다

깊고 푸른 몸은 어디에서 왔는가?

파란 마음 한없이 일렁이고

깊은 정 고운 빛 내 안에 새기고자
한 움큼 마시려 하니 색성향이 흩어진다

늘 제 몸 쳐서 잠 깨어 살아 있지만
번뇌들이 파도치니 내 뜻대로 되리요

무상 알면 꽃길

무엇으로 왔다가 무엇으로 가는가
내 몸도 내 가진 것도 아침햇살 이슬방울

무상함을 알고 나면 무엇엔들 집착하랴
잡념 번뇌 괴로움은 마음에서 일어나니

생각마음 닦고 닦아 마음자리 맑아지면
가는 길마다 행복의 길 내생 길도 고운 꽃길

어디서 왔다가 어찌 살다가는가
명예도 사랑함도 아침햇살 이슬방울

홀로 아님 알고 나면 무엇엔들 집착하랴
참다운 인생 길은 걸림 없는 자유자재

얽혀 매인 나의 업보 실타래 끊고 나면
가는 길마다 행복한 길 내생 길도 고운 꽃길

꽃길 1

샛노란 떼를 지어
한들한들 인사하네

황금 담장보다 무지개 꿈보다
더욱더 아름다운 소박한 꽃길

천진 동자 눈망울보다 더 맑은 동해 물을
안고 업고 춤추니 더욱 황홀하구나

나날이 향기 잔치
길손마다 박수갈채

바램 없는 나눔에 마음 바다
비춰진다

꽃길 2

봄볕 맞이하며 샛노랗게 피는 유채꽃
감자알이 클 무렵 수줍게 피는 감자꽃
키 큰 옥수수대 배 불룩할 무렵 피는 옥수수꽃
꽃을 보며 걸어도 일을 해도 꽃길

온 가족 재난 병고 없이 사는 길도
정당한 일 보람차게 이루는 길도 꽃길

일도 공부도 성실하게 꾸준히 하며
서두름 없이 애태우지 않고
결과 집착 없으면 꽃길

주름살 늘어나고 기력이 줄어도
한탄 후회 원망 없이
담담히 가는 꽃길

나는 꽃길을 바라보기만 하는가?
나는 꽃길을 가고 있는가?

울산 갯마을

여명에 오신 고운 햇님 어부를 재촉하니
잔잔한 물결 위에 은빛 배를 타고서
인생살이 시름일랑 꽁꽁꽁 묶어둔다
오늘은 좋은 날 참으로 좋은 세상
이마 시린 갯바람에 가슴을 열어놓고
사랑도 원망도 시원스레 날려버려
하늘도 내 집이고 바다도 내 것이다
오늘은 좋은 날 참으로 좋은 세상
고깃배는 수평선에 유유히 앉아서
근심 걱정 씻어내고 보람 하나 건져서
갈매기 장단 따라 노래 가락 흥겨워라

오늘은 좋은 날 참으로 좋은 세상

제4부
자연소감

울산대교를 지나며

바다 위로
스르르 열린 길

하프처럼 드리운 줄
바다 위에 걸어 둔 울산대교
바람 타고 내려앉은 달

물은 달을 안고 춤을 추는데
달은
아무 말이 없다

허공을 날아가듯
달려보는 울산대교

돌아보니
수파를 재운 고해
그 물 위에서 은빛 옷자락 번득번득
춤추고 있다

낮달

홀로 있어도
함께 밤을 지새워도
그 얼굴 그대로다

애써 찾지 않으면
있어도 없는 듯

비가 오거나
구름에 가려 보이지 않아도
그 마음 그대로 너와 나는 친구야
늘 그 자리 그 정을 지키는 친구야

화전놀이

연분홍 진달래
산에 두기 아까워
하얀 솜털 구름 위에 올렸지

열 기운 만나
환히 피어나는 장엄

맛이 익어간다
우정友情이 익어간다
예술이 익어간다

죽순나물

하지夏至 지나면 죽순은 먹지 못한다는
일은 다 때가 있다는 어머니 말씀

농사철에도 어김없이
죽순을 삶고 말려 보내주셨지
물에 불려 무치면 오징어채 같이
쫀득쫀득 아삭아삭 담백한 맛

당신이 거동하실 때까지
증표로 보내주신 마른 죽순

맹종은 부모께 죽순을 바쳤는데
당신은 아들 위해 평생을 바쳤네요

태화강 십리대숲

낮은 곳으로만
흐르는 물
티 없이 겸손하게 살자 하고

철 따라 곱게 피는 꽃은
선들선들 즐겁게 살자 하네

속 비운 대나무
욕심 없이 곧게 살자 하고

철마다 피어오르는 싱그러움
욕망 식혀 주는 은은한 바람
인연 따라 걸림 없이 살자 하네

태화강 국가정원

울산 태화강변, 대숲이 감싼 들판
꽃과 웃음 한바탕 잔치판이 벌어졌네

꽃양귀비 수레국화 작약 안개꽃 무궁화 라벤더
라일락 수국 수련 오색국화 등

화엄이 별거라더냐
지금, 울산은 화엄세계
경전 문자 벗어나 강변장엄 곱게곱게
꽃으로 피고 지고
국민을 화엄정토華嚴淨土로 모셔 오며
조화롭게 펼쳐진 야단법석

비행기처럼

행복 찾는 님들이여
폭풍우 비껴가는 비행기가 되고 싶다면
들숨 날숨 집중하여 산란심 누르고
염념마다 혼탁한 물 가라앉듯 고요하기를

행복 찾는 님들이여
바람같이 날아가는 비행기가 되고 싶다면
버틸 땅 한 뼘마저 구름 아래 흩어버리고
자비로운 부처님 부르고 또 불러
평상심으로 부처님 뵈옵기를

행복 찾는 님들이여
수백 명줄 한 품에 안고
걸림 없이 날아가는 비행기가 되고 싶다면
순경順境의 자만보다 역경逆境이 다가오더라도
부처님 혜안慧眼 빌려 세상일 살펴보고
내 마음 바로 세우기를

연꽃처럼

뿌리의 숭숭한 구멍
줄기의 물길 공간이 있었기에
생명길 통로 있었기에
농밀한 습도에서 살아나듯

부지런히 사는 일도
쉴 틈 공간 만들어야지
자비 실천 큰 사랑도
텅 빈 공간 여유로움에서 나오지

속을 비우니
뿌리 열매 꽃이 한 번에 영그네

된바람 불어도 휘어졌다 다시 서는
언제나 푸르고 올곧고 당당하게

오색불상 탄생기

콩알 하나에도 부처님 마음 들어가듯
하늘이 내린 물벼락, 그 고통에도
감실부처님 오셨다

우르르 쾅광 쾅 낙뢰와 물 폭탄
법당 옆 산자락이 순식간에 무너진 날
가늠할 수 없는 막막함이 눈앞에 닥쳤는데
어디선가 자비와 덕행, 지혜의 목소리로
어서 일어나라!
인명 사상死傷 없으니 다행이지
복구는 네 마음에 있어
죽비를 내리쳤다

첫 단 감실에 오방불五方佛*
넷째 단에 삼세불三世佛**
감실마다 오채색 팔불
옹벽에 앉은 부처님들

법 나누려고 세상으로 나가신다

날마다 온 세상 중생들
손잡아 이끌어 주신다

세계 유일의 성보聖寶***
언제나 누구나 반갑게 맞이하신다

* 오방불(五方佛) : 모든 공간, 각각의 방위마다 부처님이 다 계신다. 그중에서 다섯 방위를 다스리는 부처님 중앙 비로자나불(자연의 진리불), 동방 약사여래불, 남방 보생불, 서방 극락 교주 아미타불, 북방 불공성취불.
** 삼세불(三世佛) : 먼 과거 세상에 출현해 세상을 다스린 연등불, 현재 가까운 세상에 출현하셔서 온 인류를 평안케 다스린 석가모니불, 먼먼 미래 세상 출현하실 미륵불.
*** 세계 유일의 성보(聖寶) : 2016년 '차바' 태풍 폭우에 울산 정토사 대웅전 남측에 산사태가 났다. 그곳에 높이 16m, 길이 30m의 큰 옹벽을 쌓고 좌고 2m의 8대 불상 〈오방불과 삼세불〉 각각이 다른 채색으로 조성해 모셨다.

동련회*가

진흙탕 뻘밭 속에
변함없는 연꽃같이
어디서나 맑은 미소

강건한 햇살같이
진실하고 자비로운
참 나를 찾아가요

다 함께 손을 잡고
좋은 인연 이루어서
온 세계 주인 되자
우리 동련 청소년

그물에 걸림 없는
자유로운 바람같이
흘러가는 구름같이

한결같은 강물처럼
슬기롭고 여유로운
참 나를 찾아가요

다 함께 뜻을 모아
밝은 세상 이루어서
나라의 주역 되자
우리 동련 청소년

* 동련회(童蓮會) : 대한불교 어린이 지도자 연합회가 「사단법인 동련」으로 변경되었다

무문방無門房
― 감포 관음사 무문관 선방에서

문 없는 두 평 방
하루 한 끼, 세 벌 옷
먹고 씻는 물만으로 충분하고

여래 응공 정변지 명행족 선서 세간해 무상사
조어장부 천인사 세존 석가모니불

목청껏 부처님 명호를 부르며
마음속에 모습 그려보지만
찾지도 만나지도 못한 나

지나온 길 놓아버리고
나아갈 길 미련 없이 놓아버리고
청정한 본래 나는 무엇인가?
이 물음에 집중한다

고요해지는 내 마음

어쩌랴, 고요가 오래 머물지 않는 것을
물처럼 구름처럼 사라지네

통풍창으로 보이는 대나무,
바람에 한들한들 수런거리는데
청청한 소나무는 할 일 다 한 듯 유유자적하다

무소유

차도
집도
절도 버린 날

신실한 불자와 동행하니
한적한 은행나무길
얕은 시냇물 길을 열어 반긴다

나물밥도 달게 먹던 고향에 온 듯
부처님 말씀에 무소유가 이런 걸까

가진 만큼 누구에겐 원망의 열매가 자라지

인연법 순응이라
고무신 하나라도 걷는 길이 훤한 오늘

염색 삼매

천이 물들면 아름다워지는데
마음도 물들면 아름다워질까

조사님 말씀, 여러 색 지워 맑히라 하셨는데

내 마음은
오색 어울림도 좋고
순수한 빛깔도 새하얀 맑음도 좋아라

산딸기 1

엄동설한도 묵묵히 이겨내고
오뉴월 뙤약볕도 달게 받고
천둥과 비바람에도
태연하더니 오늘 아침엔
솔―솔 맑은 바람에 미소 짓는
곱고 듬직한 군자君子 되었구나!

산딸기 2

피멍 든 엄마 젖꼭지
그냥 두기 안타까워
응석 부리며 물고 보니
새콤달콤 진미로세

차나무꽃

새하얀 꽃잎 청순 향기
철 따라 보내고
하얀 세상 추위에도 진초록 빛나네

꽃지고 열매 영글도록
일 년 내내 돌보는
인욕정진忍辱精進 더욱 빛나네

맑은 뜻 이룬다는 염원마저
빈 허공에 부끄럽네

풀꽃

키 작아도 하늘에
닿아 있고

얼굴 좁아도
행인마다 알아본다

쪼그마해서
더욱 귀엽다

상원사上院寺 적멸보궁寂滅寶宮

낙락장송 하늘 떠받고
희뿌연 바위 층층 벽이 되어
하늘을 칸칸이 막았다
무한대궐無限大闕
새하얀 눈 솜덩이
골골이 봉봉이 두루 깔려
아늑한 부처님 방
보송보송 포근한 엄마 품

동서남북 다스리는 보궁에
석가모니 부처님 부스스 일어나
법문으로 다가오신다

"여보게
오늘만 권하는 묘유妙有의 방석에
방하착放下着하고 앉음세"

자장율사 사뿐히 절하신다!
탄허 스님 숨소리 들린다
동방東方에 빛이 열린다

진신사리眞身舍利 모신 보궁寶宮
석가사리 찾다 말고
자기自己 사리 찾았다

호수 공원

선암호수 수변을 꾸며서
꽃길 수상길 물레방아 쉼터 등
테마별로 정겨웁다

시민들 마음 편히 체력 가꾸는
도심 속의 호수공원

설왕설래 걸음걸음
이야기꽃 피니
사방으로 퍼지는 향기

손잡고 나섰던 솔밭 오솔길에
세계에서 가장 작은 절 안민사安民寺
줄지어 참배하니 지혜 자비 자라나고
마음마저 맑아진다

아담한 미니 교회 섬세한 미니 성당

시선에 든다

수면에 드리워진 그림자 하나
오솔길 걷는 발자국 하나
물새 쫓는 눈길 하나
수면에 담긴 나도 하나가 된다
울산 남구 호수공원에 가면
우리는 이렇게
하나가 된다

평화의 봄소식

새하얀 살색 목련보다 맑고 고운 사람들
향기로운 마음으로 대한민국 자비평화 오래가길

온갖 꽃 피는 봄
평화 향기 두루두루 퍼지고

지난해만 해도 핵무기 공포로 벌벌

일없이 불안하던 하루가
남북 문화 교류 체육 교류
비핵화 협상에 훈풍이 분다

화쟁和諍으로 평화 협상
어떤 꽃이 이보다 고울까
어떤 보석이
이보다 향기로울까

2018년 봄 한반도 평화의 봄

목련꽃 인연

설경보다 눈부시게 피어난 봄
뜰 앞에 목련꽃으로 왔구나!
너를 마중하느라
어젯밤 고운 꿈도 덮어 버렸다

목련화야
새하얀 화장은 무엇으로 했느냐?
한들한들 황홀한 춤은 어디서 배웠느냐?
세상 인연 따라 했을 뿐이요

산에도 들에도 마을에도
인연 따라 많고 많은 사연
꽃 피고 잎 피고 꽃 지고 잎 지듯 한다

동백꽃

인연 뭉치 망울망울 맺으니
해마다 철 따라 돌아온 법문* 시간이다.

바람은 이미
앞마당 추위 깨끗이 쓸어 놓았다.

티 없이 해맑은 얼굴들
부처님 앞으로 앞으로
걸음걸음 다가가는데

홀로
대웅전 뜨락에 핀
화엄경전**을 펼친 동백꽃 속으로
내 마음 불성佛性이 쏘옥 들어간다

---

* 법문(法門): 부처님 가르침의 말씀 전하는 것, 설법.
** 화엄경전: 불교의 방대하고 심오한 가르침. 대방광불화엄경(大方廣佛華嚴經)의 준말.

염불마음 행복나날

샘물처럼 맑디맑은 본래 지닌 내 마음을
부처님만 생각하며 가만가만 찾아보자

맑은 마음 뒤덮은 뭉치뭉치 욕심덩이
편안마음 뒤흔드는 활활 타는 성냄 불꽃

부처님만 생각하면 모두모두 사라져서
맑고 고운 마음 되어 나날마다 행복해요

햇살처럼 밝디밝은 본래 있는 마음씨를
부처님께 절 올리며 간절하게 찾아보자

지혜마음 흐려놓은 캄캄한 어리석음
자비마음 가로막는 울컥울컥 미움원망

부처님만 생각하면 모두모두 사라져서
자비지혜 마음되어 나날마다 행복해요

빗소리

슬레이트 지붕 위엔,
한 발 한 발 징검다리 건너는 소리

양철지붕 때리는 비 콩 볶는 소리

기와지붕에 내리는 비 가지런한 목탁 소리
초가지붕 적시는 빗소리 예쁜 색시 버선발 소리

덕진의 시세계

지혜와 사랑의 이중주

구모룡
(문학평론가)

1. 시와 수행

　덕진 스님의 시적 어법은 매우 직절直截하다. 매개 없이 다가와서 울림을 주고 마음을 물들인다. 이같은 직접성은 수행과 깨달음의 과정을 언어적 분식粉飾을 가하지 않고 표현하는 데서 비롯한다. 그의 시편은 빨리 다가오지만 오래 머물게 하고 더 많이 생각하게 만든다. 쉬운 듯한데 거듭 읽으면 어렵다. 한동안 그의 시를 접하면서 불교와 불교학 관련 서적을 배회한 까닭이 여기에 있다. 시쓰기가 보살행의 한 방편인 그와 그의 시편을 이해하기 위한 노력이다. 마침 시집의 가장 첫머리 시편을 통하여 그의 의도와 만날 수 있다.

    나의 시는 살아 있는 삶이다
    그때 그 느낌
    그대를 찬양하고 자연도 찬양한다

    시는 노래요
    사자후獅子吼다

    부드러움으로 껴안기도 하지만
    사랑의 회초리로 후려쳐
    밝고 탄탄한 길을 내기도 한다

    어둠을 밝히는 종소리다
                          —「나의 시」 전문

「나의 시」는 시집의 마지막 시편인 「염불마음 행복나날」과 서로 수미상응하며 시집을 관류하는 시법이자 지향을 나타낸다. 덕진 스님에게 시는 삶과 분리되지 않는다. 이는 시와 삶의 연속성이라는 범박(泛博/汎博)한 시작 일반의 현상을 넘어서 "살아 있는 삶"과 바로 그 현재인 "그때 그 느낌"을 표현하는 과정을 의미한다. 여기엔 두 가지 방향이 있다. 그 하나는 나의 안을 향하고 다른 하나는 나의 바깥을 향한다. 바깥은 타자와 자연 외물이며 "찬양"의 대상이다. 물론 안은 본디 마음을 지향하는데 둘은 서로 상충하지 않으며 모두 수행 과정의 즐거움과 의지를 표현하는 "노래"이자 "사자후"가 된다. 또한 그의 시는 자타를 "부드러움으로 껴안기도" 하고 "사랑의 회초리로 후려쳐" "밝고 탄탄한 길"을 내기도 한다. 깨달음의 길 위에서 표출하는 지혜와 사랑의 이중주로써 "어둠을 밝히는 종소리"이다. 이처럼 「나의 시」는 덕진 스님이 시로 나타낸 시론시(메타시)인데 시집의 끝 시편인 「염불마음 행복나날」과 상관한다.

> 샘물처럼 맑디맑은 본래 지닌 내 마음을
> 부처님만 생각하며 가만가만 찾아보자
>
> 맑은 마음 뒤덮은 뭉치뭉치 욕심덩이
> 편안마음 뒤흔드는 활활 타는 성냄 불꽃
>
> 부처님만 생각하면 모두모두 사라져서
> 맑고 고운 마음 되어 나날마다 행복해요

햇살처럼 밝디밝은 본래 있는 마음씨를
부처님께 절 올리며 간절하게 찾아보자

지혜마음 흐려놓은 캄캄한 어리석음
자비마음 가로막는 울컥울컥 미움원망

부처님만 생각하면 모두모두 사라져서
자비지혜 마음되어 나날마다 행복해요
―「염불마음 행복나날」전문

 이 시편의 첫 연은 수행의 근본을 제시하고 있다. "부처님만 생각하며" 그의 가르침을 따라서 "샘물처럼 맑디맑은 본래 지닌 내 마음"인 본성을 찾아서 불성의 궁극에 이르려 한다. 이는 본디 마음을 뒤덮고 뒤흔드는 "욕심덩이"와 "성냄 불꽃"을 비우고 사라지게 하는 의지적 수행인데 항상 "부처님"이 전범典範이 된다. "부처님만 생각하면 모두모두 사라져서/ 맑고 고운 마음 되어 나날마다 행복해요"라는 진술은 자기 고백이자 대중에 대한 권유이다. 이은 다음 연은 "햇살처럼 밝디밝은 본래 있는 마음씨를/ 부처님께 절 올리며 간절하게 찾아보자"라고 진술한다. 도사導師의 입장에서 의례를 동반한 수행의 도량으로 이끌

고자 권고한다. 한편으로 자기 정진을 계속하면서 대중을 빛 속으로 동행하려는 갈구가 간절하다. 마지막 두 연에서 말하고 있듯이 본디 마음을 좇는 수행은 지혜와 자비라는 두 가지 앎과 실천으로 나타난다. "지혜마음 흐려놓은 캄캄한 어리석음/ 자비마음 가로막는 울컥울컥 미움원망"이라는 진술은 경쾌한 리듬에 비할 때에 내포한 의미는 결코 가볍지 않다. 내면을 향하여 자기를 비우는 과정이 지혜라면 바깥을 바라보면서 모든 사물과 함께 같아지는 일이 자비이자 사랑이다. 지혜와 자비는 무명無明의 "캄캄한 어리석음"을 벗어나게 하고 사랑의 마음을 차단하는 "미움"과 "원망"에서 놓여나게 하는 두 방향의 나선형 마음의 움직임이며 인생을 행복으로 인도한다. 이처럼 덕진스님은 시를 통하여 지혜와 사랑을 실천하는 "살아 있는 삶"을 표현하면서 붓다를 따르면서 나날의 "행복"에 이르는 인생을 말한다.

「나의 시」가 시관을 의도하였다면 「시인」은 시인관을 제시하고자 한다. "시인은 시를 쓸 때도/ 명상을 할 때도/ 아무 일 안 해도 시인"이라는 첫 구절을 먼저 주목할 수 있다. 시 이전에 시가 있고 시인이 존재한다는 생각이다. 조지훈 시인이 말한 선시론先詩論과 흡사한데 이는 시라는 언어체보다 그 이전의 마음을 중요하게 여기는 입장이다. 그래서 자연스럽게 "어디든 찾아가도/ 가만히 있어도 아는 체해/ 반가이 만나는 詩"라는 진술이 이어진다. 시는 "그저 맘 가는 대로 그려 낼 수도 있고/ 품고 있을 수도 있다". 수행을 마음 공부에 두는 덕진 스님이 마음의 시학을 선택하는 것은 당연하며 시인을 "대자유인, 대해탈자"라는 이상의 자리에 두는 일이 과장되지 않다. 그만큼 시와 수행은 덕진 스님의 삶에서 동궤인데, 이는 "지난날 꽃길 추억도/ 오늘날 무지갯빛 희망도 다 지워서/ 해맑은 마음을"(「당신께 드리겠어요」) 얻으려는 과정과 다르지 않다.

2. 시적 원천

덕진 스님에게 수행의 측면에서 삶과 시의 전범은 「당신께 드리겠어요」나 「님의 이름을 불러요」에서 말하는 "당신"과 "님"이라 할 수 있다. 승가에게 붓다가 염원과 갈망의 대상임은 당연한 일이다. 「당신께 드리겠어요」가 말하듯이 나날의 "아침에 눈뜨며 무심히 짓는 해맑은 미소"와 "온종일 땀 흘려 일하고/ 붉은 노을 바라보는 상쾌함"인 한해의 "봄날 씨 뿌려 여름 내내 가꾸어/ 황금벼가 일렁이는 가을 들판/ 보는 기쁨"을 모두 "당신 위해 당신께 드리겠어요"라고 서원한다. 그리고 마지막 연이 말하듯이 이 모두를 지운 "해맑은 마음을" 얻어 "당신께" 보여드리겠다고 다짐한다. 이 시편에서 말한 당신은 부처님과 애

독자 수많은 사람들이다. 이처럼 이 시편은 나날과 계절과 생애가 모두 궁극의 "당신"을 지향하고 있음을 점층적인 리듬에 실어 노래한다. 「님의 이름을 불러요」는 "간절한 마음으로/ 외롭고 지친 몸/ 기대고 의지하고파서/ 나약한 철부지가 철들어 바르게 가도록" "그리운 님을" 부르는 행위를 표현하고 있다. 그런데 이 시편에서 "님"의 존재 양상은 단순하지 않다. "허공에 가득 찬 님의 모습"처럼 텅 빈 중심으로 자리하기도 하고 "먼바다 건너 계실지라도/ 염주를 돌릴 때면 님이 보입니다"라는 진술처럼 거리를 보이기도 한다. 그렇지만 "몸 바쳐 절을 올립니다/ 바치면 바칠수록 가까이 다가오는/ 당신이 보입니다"라는 마지막 결구처럼 헌신하는 '나'의 진심에 다가온다. 이처럼 수행의 측면에서 붓다는 시인의 마음과 늘 함께한다. 안으로 지혜를 얻고 밖으로 자비를 갖는 깨달음의 도상에서 붓다는 늘 동일시의 대상이다. 그렇다면 시적 차원에서 덕진 스님이 시적 원천으로 지향하는 대상은 무엇일까? 우선 「구름」에서 어떤 단초를 발견한다.

    모였다가 흩어지고
    보였다가 사라지는,

    길 아닌 길 흘러가고

쉼터 아니라도 쉬어간다

간섭받거나 눈치 볼일 없어
제 몸 무거우면 물이 되어 흐른다

집착 없는 동자승, 구름 따라 걷는다
—「구름」 전문

　이 시편은 번뇌를 구름에 비유한다. 그 양상에서 유사하기 때문인데 이와 같은 일차적 의미에 머무르진 않는다. 2연을 지나 3연에 이르면 그 양상은 차이를 드러낸다. "제 몸 무거우면 물이 되어" 내리는 구름과 "모였다가 흩어지고/ 보였다가 사라지는" 번뇌는 그 형질에서 다르다. 이와 같은 역설적 차이는 마지막 연인 "집착 없는 동자승, 구름 따라 걷는다"라는 진술에 이르러 확연해진다. 구름을 번뇌의 형상으로 바라보는 일조차 번뇌일 수 있다는 생각을 갖게 하는 대목이다. "구름"이 "동자승"의 "집착 없는" 마음의 표상으로 대칭관계를 형성한다. 이러한 시편에서 볼 수 있듯이 덕진 스님은 순수한 동심과 유년에 대한 시적 지향을 지닌다. 이는 서정을 유발하는 계기인 회감回感에 상응한다.

선녀들이 소복소복 복을 내려 소복소복 쌓이니
근심 걱정 흔적 없이 달아난다

장미에 가시 있듯
부드러운 솜덩이 날카로운 창날 있어
정신 번쩍 든다

대자연 장광설법長廣說法
세상 어지러움 지워나가니

염불도 화두도 잠시 내려놓고
흰 눈, 뭉치니 유년 추억이 뭉쳐져
천진 동자 된다
      ―「정토사 설경」 전문

 정토사의 설경을 노래한 이 시편에서 가장 주목되는 구절은 "유년의 추억이 뭉쳐져/ 천진 동자 된다"라는 결구이다. "소복소복" 눈이 내리는 말의 의태에서 "선녀들"의 "복을"을 연상하는 첫머리가 정겹고 "부드러운 솜덩이" 같은 눈 속에 "날카로운 창날"이 있다는 섬세한 지각도 깨달음에 정진하는 이의 표정으로 공명하게 한다. "대자연 장광설법"을 따라 "세상 어지러움 지워나가니" 스스로 원망한 정토의 풍경이 면전에 있어 "염불도 화두도 잠시 내려놓고" 순수한 마음의 자리에 서게 된다. 바로 이러한 시적 장소에 "유년의 추억"이 있고 "천진 동자"가 등장한다. 이처럼 덕진 스님은 의식이 분화하기 이전의 유년을 시적 원천으로 받아들인다. 하지만 출세간의 승가에 속한 입장에서 고향이 인연의 속박이 될 수는 없다. 「우리는 좋은 인연」은 "고향이 어디냐/ 소득이 얼마냐 묻지 마세요"라고 말한다. 또한 "가족도 학력도 묻지 마세요"라고 하며 "서로 존중 배려한다면/ 우리는 좋은 인연"이고 "자기 일에 몰두하고 불만 없는 밝은 모습/ 서로서로 공감한다면/ 우리는 좋은 인연"이라고 한다. 따라서 덕진 스님이 환기하는 유년의 고향은 세속의 타산과 이해의 대상과 무관하다. 존재의 미망이 아니라 그 순수함으로 존재를 밝히는 지평으로 다가온다.

    차도
    집도
    절도 버린 날

    신실한 불자와 동행하니
    한적한 은행나무길
    얕은 시냇물 길을 열어 반긴다

나물밥도 달게 먹든 고향에 온 듯
부처님 말씀에 무소유가 이런 걸까

가진 만큼 누구에겐 원망의 열매가 자라지

인연법 순응이라
고무신 하나라도 걷는 길이 훤한 오늘
　　　　　　　　　　　―「무소유」 전문

  덕진 스님에게 고향은 이 시편이 지향하는 "무소유"의 장소에 가깝다. "나물밥도 달게 먹든 고향"을 떠올리는 계기가 "차"와 "집"과 "절"을 버리고 "한적한 은행나무길/ 얕은 시냇물 길을 열어" 반기는 데서 비롯함을 알 수 있다. 그에게 고향은 "인연법 순응"의 과정에서 순진무구, 순수, 청빈, 어머니와 누이 등의 의미를 표상하는 이미지로 나타난다. 가령 「사립문」에서 시적 화자는 자신이 거처하는 정토사 "안심당 길목"의 "크고 작은 대나무들 나란히" 서 있는 모양에서 "옛 고향 사리문"을 떠올리고 "꿈에라도 어머님이 오신다면/ 맨발로 뛰어나가 사립문 열고/ 밝은 미소로 모시겠습니다"라고 말한다. 유년의 "엄마가 흙먼지 묻은 옷차림으로/ 사립문 열고 들어오시는 모습"이 아직 선연하기 때문인데 「사립문」은 덕진스님의 의식이 고스란히 그대로 표현된 시편이라 하겠다. 「죽순나물」이나 「어머니 교훈」에서 드러나듯이 시인에게 어머니는 존재를 구속하는 세간의 인연이 아니라 수행 과정에서 가르침을 주는 이로 제시된다. "하지 지나면 죽순을 먹지 못한다는" "어머니 말씀"을 새기면서 「죽순나물」의 시적 화자는 "일은 다 때가 있다는" 깊은 뜻의 말씀으로 받아들이며 자연의 이법으로 인식한다. 나아가서 「어머니 교훈」은 "언제나 당당하게 헌신하신 어머니"의 말씀과 태도가 공부와 수행의 지침이 되고 있음을 말하고 있다. 이러한 맥락에서 "새하얀 눈 솜덩이/ 골골이 봉봉이 두루 깔려/ 아늑한 부처님 방/ 보송보송 포근한 엄마 품"(「상원사 적멸보궁」)이라는 표현이 공명하는 바가 크다. 물론 「열두 살의 이별」이 전하듯이 "열두 살의 인생/ 등 하나를 잃어버린 듯한/ 아픈 이별"의 기억도 있다. "씁쓸한 살맛도/ 울퉁불퉁 살아온 길도/ 내 삶에 있었다"라고 하면서 "달짝지근한 맛만 있다면/ 평탄 매끈한 길만 있다면/ 인생 삶이 무슨 재미가 있으랴!"(「여주」)라고 진술하는 데 이르러서 시인에게 내재한 생의 아픔과 상처가 공부와 정진의 밑거름이 되고 있음을 알기 어렵지 않다. 이는 "달리고 춤추던 고향/ 그립고 못 잊어/ 바닷가 건조장에서/ 바람 따라" 춤추는 "오징어"가 "내 몸 하나 뜯기고 찢어져서/ 만백성이 즐긴다면/ 내 뜻 다 이루었다"라고 생각하는 "살신공양"(「오징어 건조장」)의 의미를 얻는 시편으로 변주되기도 한다.

    유리보다 맑은 물
    산도 하늘도 나도 그 속에 있다

    백금을 뿌린 듯
    굽이굽이 찬란한 은빛 모래벌

    칠불사 아자방亞字房 일곱 태자
    부처님 된 법리 흘러 신령한 물

    작설차 머금은 청량한 물
    쌍계사 범종 소리도 스며들어
    화개장터 하동장터 휘감아
    목도들판 알곡식으로 영근다

    남도민의 젖줄, 우리의 향수여
                       —「섬진강」 전문

이 시편처럼 덕진 스님에게 "향수"는 느낌의 양식이자 시적 원천으로 작동한다. 동시에 그 순수하고 맑은 장소와 물의 원소적 특성으로 인하여 불법승은 물론 대중의 삶을 풍요와 행복으로 이끄는 기제가 된다. 노스탤지어가 상실을 의미하지 않고 그 순수함을 매개로 깨달음과 수행으로 이어진다. 이러한 점에서 덕진 스님의 서정이 지니는 독특한 확장성을 확인할 수 있다.

3. 내면의 비움과 지혜

덕진 스님의 시편들에서 가장 근본적인 물음과 답변을 제시하고 있는 시편을 찾는다면 「나는 본래 누구인가」를 들 수 있다. 이 시편의 첫 연은 "나는 본래 누구인가 어디에서 왔는가/ 본 것은 무엇이며 어디로 가고 있나/ 부모님이 주신 이 몸 무엇을 해야 할까"라고 묻고 "민족 자손 국민 도리 온전히 다해야지"라고 답한다. 질문에 대하여 그 답변은 통념을 지나지 못한다. 이에 대하여 이어지는 2연은 자기가 할 일을 전혀 새롭게 설정한다. 앞에서 말한 민족, 국민과 같이 외적으로 주어진 정체성을 절연하고 존재의 내면을 응시하면서 새롭게 자기를 정위하는 선택으로 나아간다.

> 잡념 번뇌 버리고서 가나오나 한결같이
> 온 생각 집중하고 그 생각 알아차려

내 마음속 불성 보니 내 자신이 본래 부처
　　자비 지혜 완전 행복 온 누리가 평화 세상

　질문에 대한 답변의 방향을 외부의 호명을 따라가지 않고 내부로 돌려 세속에 기인하는 번뇌와 잡념을 버리고 "온 생각 집중하고 그 생각 알아차려" 마음의 본성을 찾고 그것이 불성임을 느끼고 알게 된다. 이로써 붓다의 가르침을 좇아 안으로 지혜를 얻고 밖으로 자비를 실천하여 완전한 행복과 "온 누리가 평화"로 가득한 세상을 궁구하는 수행에 나선다. 이어서 「나는 본래 누구인가」는 3연에서 "내 전생 무엇인고 어떤 인연 있었을까/ 남은 생엔 무얼 할까 내생엔 어디로 가나"라고 또 다른 물음을 제기하며 이에 대하여 "나도 너도 인생살이 행복을 누려야지/ 욕망 집착 분별심도 모두 모두 버려야지"라는 답을 마련한다. 욕망과 집착 그리고 분별심을 모두 버리는 데서 나의 행복이 열림을 말하고 있다. 본성을 찾아가는 일과 욕망을 버리는 일이 서로 다르지 않으며 더불어 깨달음의 길임을 알게 한다. 그리고 이 시편은 다음의 4연으로 "나는 본래 누구인가 어디에서 왔는가/ 본 것은 무엇이며 어디로 가고 있나/ 부모님이 주신 이 몸 무엇을 해야 할까"라는 물음에 관한 궁극적 답을 제시한다.

맑은 경지 고요 속에 내 본성 찾아야지
한 생각 몰입하고 그 마음 알아차려
내 마음속 불성 보니 내 자신이 본래 부처
자비 지혜 완전 행복 온 누리가 평화 세상

2연의 "온 생각"이 여기에서 "한 생각"으로 바뀌었음을 주목하게 한다. 온갖 생각의 번뇌에서 벗어나 "맑은 경지 고요 속"에서 "본성"을 찾고 "내 자신이 본래 부처"임을 깨닫게 된다. 이로써 지혜와 자비의 수행에 정진하며 세상의 행복과 평화를 실천 궁행한다. 「나는 본래 누구인가」라는 시편을 통하여 이해할 수 있듯이 덕진 스님의 시쓰기가 자기를 향하고 궁극적인 불성을 지향함을 알기 어렵지 않다. 그렇지만 이와 같은 깨달음의 길이 순탄하기만 하겠는가? 「바다」에서 "깊은 정 고운 빛 내 안에 새기고자/ 한 움큼 마시려 하니 색성향이 흩어진다"라는 구절이 말하듯이 그것은 바닷물을 마시는 일처럼 난감한 사태에 가깝다. 그런 만큼 "늘 제 몸 쳐서 잠 깨어 살아 있지만/ 번뇌들이 파도치니 내 뜻대로 되리요"라는 고뇌가 실감으로 와 닿는다. 「무문방」은 "감포 관음사 무문관 선방에서" 쓴 시편인데 시적 화자는 "목청껏 부처님 명호를 부르며/ 마음속에 모습 그려보지만/ 찾지도 만나지도 못한 나"라고 본성을 찾아가는 도정이 간난함을 이야기한다. 그래서 "지나온 길 놓아버리고/ 나아갈 길 미련 없이 놓아버리고/ 청정한 본래 나는 무엇인가?/ 이 물음에 집중한다". 일순 "고요해지는 내 마음"을 얻기도 하지만 "어쩌랴, 고요가 오래 머물지 않는 것을" 탄식하게 되는데 그만큼 선정禪定이 힘겹기만 하다. 마치 "턱밑 수염 자르듯/ 날마다 번뇌 업장"(「주름살 펴기」)을 잘라내듯이 끊임없는 정진을 요구한다.

> 기쁨을 채워서 근심을 비우자
>
> 고요를 채워서 잡념 비우자
>
> 지혜를 채워서 우치 비우자
>
> 어디든 갈 수 있고
> 무엇이든 할 수 있는 데서
> 삼 할만 비워보자
>
> 채우고 비운다는 생각마저
> 깨끗이 놓아버리자
>
> ―「비우자」 전문

이 시편에서 시적 화자는 "근심"과 "잡념"과 "우치"를 비우기 위하여 그 자리에 각각 "기쁨"과 "고요"와 "지혜"를 채우자고 한다. 깨달음에 이르는 데 장애가 되는 삼독三毒인 탐욕과 진에瞋恚와 우치愚癡, 곧 탐내어 그칠 줄 모르는 욕심과 노여움과 어리석음을 변용하여 고요와 본디 마음에 이르는 길을 찾는다. 비우려는 노력을 거듭하여 "채우고 비운다는 생각마저/ 깨끗이 놓아버리자"라는 수행을 경유하면서 비운다는 마음마저 허공에 이른다. 스스로 공空 혹은 무無가 되는 궁극적 지향이다. "깨어지고 부서지는 파도처럼/ 망상 모두 부서지니/ 깨달음의 길 바로 여기"(「해변을 걸으며」)임을 안다. 여기에서 덕진 스님의 무의 시학을 만나는데 이를 「무」라는 시편이 잘 표방하고 있다.

    늦가을 선방 앞 뜰
    바람 소슬하다

    산은 물길 내어주고
    물은 나무를 흔들어
    금목서 계수나무가 향을 내뿜는다

    향기롭다는 이 생각
    무자에다 매어둔다
    기쁨도 환희도 무 무 무無

―「무無」전문

  이 시편은 시선일미詩禪一昧 혹은 시선일규詩禪一揆의 의미를 떠올리게 한다. 지우고 비워 텅 빈 중심에 이르는 과정이라는 점에서 시와 선의 길이 다르지 않다는 지향인데 덕진 스님도 이 시편을 통하여 이와 같은 흐름에 합류하고 있음을 말하고 있다. 한편 「선열」은 "창공에 오색실로 포근한 집/ 뭇 새들 쉼터 되어/ 예배 공경 받는다 해도// 별천지 수정궁에서/ 별주부와 물고기들과 춤추고 노래하며/ 한세상 누린다 해도// 검은 흙집, 참선방에/ 머무름 없는 기쁨만은 못하리"라고 선열을 지고의 위상에 놓고 있다. "머무름 없는 기쁨"의 역설인 선열禪悅은 덕진 스님의 시세계에서 높은 위계에 속하는 정동(affect)이다. 하지만 "언젠가는 떠나야 할 생/ 선정도 진리도 말이 없어/ 생사生死 길 따라갈 뿐"(「떠남」)이라는 데 이르러 "선정"과 "진리"는 죽음과 더불어 무의 사상으로 수렴된다. 그러므로 시적 차원에서 「지리산 대원사 계곡에서」가 말하듯이 생동하는 풍경 속에서 "묵언 중인 골짜기/ 들려오는 님의 말씀 상쾌하고 시원하다"라는 느낌이 주는 반향과 울림이 크다. 이는 또한 빈 마음에 와 닿는 이미지를 현현한 「오대산 상원사」에서 더욱 돌올하다.

영산전 부처님 환한 미소
선승은 제자리 허공 부여잡고

녹슨 범종 눈물이 말랐다

고뇌 씻어주는 개울물
계곡마다 찰랑이고

삼라만상 삼킨 듯 암반은 묵언 중

창공을 찌르며
창대처럼 솟은 주목
바른 지혜 알알이 님께 바칠 그날까지
간절한 마음 불사르며 제자릴 지키고 섰다
―「오대산 상원사」 전문

   이 시편은 시적 화자의 시선이 이동하는 응시의 과정을 주목하게 한다. "영산전 부처님"과 "선승"을 말하다 밖으로 나와 "녹슨 범종"을 만나고 "개울물"과 "계곡"을 따라 "암반"에 이른 후에 "창대처럼 솟은 주목"에 당도한다. 시적 화자는 "주목"에 투사하여 "바른 지혜 알알이 님께 바칠 그날까지" "간절한 마음 불사르며 제자릴 지키고" 설

다짐을 새긴다. "바른 지혜"는 깨달음과 생의 다함을 함께 묶는다.

4. 자비의 마음과 사랑

바깥을 향한 수행은 자비의 실천이다. 자비는 모든 살아 있는 존재를 다 아우르는 행위이다. 안으로 비움을 통하여 얻는 지혜와 밖으로 뭇 생명을 껴안는 자비는 모두 깨달음의 길에서 닦아야 할 덕목이다. 덕진 스님도 이같은 보살행의 과정이 끊이질 않는다. "부지런히 사는 일도/ 쉴 틈 공간 만들어야지/ 자비 실천 큰 사랑도/ 텅 빈 공간 여유로움에서 나오지"(「연꽃처럼」)라는 진술처럼 "자비 실천 큰 사랑도" 자기를 비우는 지혜와 더불어 가능하다.

> 세끼 양식과 소박한 거처
> 추위 막을 옷이 있어 안심이고
>
> 살아 있는 것들, 고락의 소리 듣는 귀가 있고
> 진리와 의지 말할 입이 있다
>
> 대자연의 신비를 볼 수 있는 눈이 있고
> 얼음 속에서 피어나는 매화향 맡을 코가 있다

사람 만나면 반갑게 악수할 손이 있고
포근히 안아줄 가슴이 있다

부처님의 자비 지혜를
언제, 어디서나 나누어 줄 것과 의지가 있다
　　　　　　　　　　—「나의 소유 목록」전문

　이 시편은 "부처님"을 통하여 깨달은 지혜와 자비를 일반 대중과 나누는 보살행의 의지를 표명하고 있다. 이러한 가운데 수행하는 '나'의 존재 조건을 제시한다. 표제가 말하는 소유 목록은 청빈한 의식주와 몸의 감각기관인데 세간의 기준으로 무소유에 가깝다. 오직 깨달음을 얻어 세계를 긍정하고 이를 "언제, 어디서나 나누어" 주고자 한다. 이러한 수행은「비행기처럼」이 진술하듯이 더불어 미혹에서 벗어나 행복에 이르는 과정이다. 이를 "비행기"의 순항에 비유하고 있는 이 시편은 세 가지 마음의 움직임을 제안한다. 첫째, "들숨 날숨 집중하여 산란심 누르고/ 염념마다 혼탁한 물 가라앉듯 고요하기" 둘째, "버틸 땅 한 뼘마저 구름 아래 흩어버리고/ 자비로운 부처님 부르고 또 불러/ 평상심으로 부처님 뵈옵기" 셋째, "순경의 자만보다 역경이 다가오더라도/ 부처님 혜안 빌려 세상일 살

펴보고/ 내 마음 바로 세우기". 번뇌에 물들지 않고 미망에서 놓여나 청정한 자기를 세우는 데서 행복을 얻을 수 있다는 의미이다. 이처럼 덕진 스님은 바깥의 대중과 자연 사물과 더불어 깨끗한 행복을 나누고자 한다.

   자비의 마음을 표현하고 실행하는 사랑은 사람과 자연 나아가서 삼라만상을 인연으로 받아들인다. 중생과 더불어 깨달음을 나누고 뭇 생명을 자기의 생명과 같이 대하며 미물조차 우주를 담고 있다는 '고상한 제유(synecdoche)'가 주요한 시적 수사학이 된다.

     인연 뭉치 망울망울 맺으니
     해마다 철 따라 돌아온 법문* 시간이다.

     바람은 이미
     앞마당 추위 깨끗이 쓸어 놓았다.

     티 없이 해맑은 얼굴들
     부처님 앞으로 앞으로
     걸음걸음 다가가는데

     홀로
     대웅전 뜨락에 핀

화엄경전을 펼친 동백꽃 속으로

내 마음 불성佛性이 쏘옥 들어간다

—「동백꽃」 전문

　이 시편처럼 순환하는 계절이 "법문"이 되고 "대웅전 뜨락에 핀" "동백꽃"이 "화엄경전"으로 비약한다. 선정으로 모든 사물에 붓다가 깃드는 놀라운 지각이 발현한다. "동백꽃 속으로/ 내 마음 불성佛性이 쏘옥 들어간다"라는 결구에 이르러 천지에 미만한 불성을 느끼게 된다. 여기에서 "인연"으로 연결되고 법으로 통하는 시적 지평이 개진되고 있음을 안다. 이는 「목련꽃 인연」에서 시적 화자와 "목련화"가 대화하는 형태로 표현되고 있다. 우선 인연은 "설경보다 눈부시게 피어난 봄/ 뜰 앞에 목련꽃으로 왔구나!/ 너를 마중하느라/ 어젯밤 고운 꿈도 덮어 버렸다"라는 1연처럼 동기감응으로 나타나며 이어진 2연은 "목련화야/ 새하얀 화장은 무엇으로 했느냐?/ 한들한들 황홀한 춤은 어디서 배웠느냐?/ 세상 인연 따라 했을 뿐이요"라는 대대待對 관계의 대화를 제시한다. 따라서 "산에도 들에도 마을에도/ 인연 따라 많고 많은 사연/ 꽃 피고 잎 피고 꽃 지고 잎 지듯 한다"라는 평이한 서술처럼 읽히는 마지막 3연이 예사롭지 않게 받아들여진다.「풀꽃」,「산딸기 1」,「산딸기 2」등은 생동하는 사물과 만나는 시인의 마음이 자비 혹은 사랑으로 가득함을 증거한다. 작고 사소한 데서 아름다움과 진미를 발견하는 '섬세의 정신'은 만물이 서로 생명으로 연결되어 있다는 사상의 표현에 다를 바 없다.「빗소리」가 말하듯이 교응하고 감응하며 공명하는 감각은 "봄소식"을 화쟁和諍으로 읽는「평화의 봄소식」을 얻는데, 이처럼 자연의 법으로 인사를 가늠하고 경계하는 시법이 가능하다. 가령「태화강 십리대숲」은 무애無碍의 삶을 지시한다.

낮은 곳으로만
흐르는 물
티 없이 겸손하게 살자 하고

철 따라 곱게 피는 꽃은
선들선들 즐겁게 살자 하네

속 비운 대나무
욕심 없이 곧게 살자 하고

철마다 피어오르는 싱그러움
욕망 식혀 주는 은은한 바람
인연 따라 걸림 없이 살자 하네

―「태화강 십리대숲」 전문

이 시편으로 시인은 단순한 장소 사랑을 넘어서 자연 사물로 참된 삶의 지향을 제시하려 한다. "흐르는 물"에서 "겸손"을 발견하고 "철 따라 곱게 피는 꽃"에서 즐거운 삶의 의미를 새기며 "대나무"에서 무욕과 정직을 찾는다. 이 모두를 아우르는 "욕망"의 문제를 해소하고 "철마다 피어오르는 싱그러움"처럼 "인연 따라 걸림 없이 살자"고 권유한다. 이처럼 세계는 크고 작은 생명으로 그득한 커다란 긍정의 공간인데 그 안에 인간의 삶도 내재한다. 따라서 「경주 남산」이 "불심이 돌에 새겨져/ 돌과 부처가 불이不二요/ 마음과 돌도 불이不二라네"라고 진술하듯이 만물에 마음이 깃들고 불성이 내재한다. 따라서 「낮달」의 표현처럼 모든 사물은 친구이며 우정으로 맺어진다.

덕진 스님의 수행은 깨달음을 나누고 행복과 참된 삶의 의미를 전파한다. 그는 「법보시」라는 시편을 통하여 "주어도 주어도, 아무리 주어도 줄지 않고/ 주면 줄수록 불어나고/ 비워야 채워지듯/ 은은한 후광이 더 아름답다"라고 말한다. 또한 "아는 대로 말해주고/ 누구에게나 일러주는/ 주면 줄수록 부풀어 오르는 환희/ 막힌 목이 뻥 뚫리는 이 시원함"을 느낀다고 한다. 물론 최고의 깨달음은 붓다가 되는 순수 경험이지만 이는 궁극적 실재이므로 깨달음의 길에서 대중과 자비심으로 제도하는 일이 나날의 수행이 된다. "자신을 바로 보는 마음/ 자타가 한 몸이라는/ 대자비의 얼굴마다/ 밝은 미소가 가득하다"(「근하신년」)라는 자비와 사랑의 표정이 선연하다.

5. 정토를 향한 시적 염원

마음이 청정하면 그 세상이 정토라는 생각을 품었을까? 덕진 스님의 절은 정토사라는 이름을 갖고 있다. 창건의 유래는 산문 「첫 인연의 결과」(『두 번째 화살을 맞지 말라』)에 나와 있듯이 공원묘지를 배후에 두고 위치한다. 깨달음과 죽음은 열반이라는 말에서 하나로 만나지만 정토사는 이보다 '세상의 정토화'라는 스님의 의지를 반영한다. 또 다른 산문 「극락에 이르다」에서 "정토사는 현세의 고뇌를 씻어 안락정토를 발원하고 선망 조상님의 왕생정토를 발원하는 도량"이라고 설명하면서 "극락정토가 경전 말씀대로 먼 나라에 있는 것이 아니라 현실 속에 있다"라는 말을 빠트리지 않는다. 그만큼 현재의 수행과 실천이 중요하다는 입장이다.

　　뒷산, 붉던 노을 지자
　　실달이 얼굴 내밀고

산책길 공원묘지 어둠 내리면

허공에도 길이 있다는 듯

길 안내하는

맑고 맑은 곳에만 모여 산다는 너

정토사淨土寺 뒷산, 소문 듣고 찾아왔을까

사람들은 무섭다 말들 하지만

반딧불이는 걸림 없이 신나게

이리저리 숨바꼭질한다

오늘도 반딧불이 내 친구와 놀아야지

─「은월산 반딧불이」 전문

    은월산 정토사를 배경으로 한 이 시편은 어두울수록 보이는 "실달"이며 "반딧불이"를 주목한다. "허공에도 길이 있다는 듯" 찾아온 "반딧불이"는 "맑고 맑은 곳에만 모여 산다는" 존재의 의미와 더불어 혼탁한 시대에 잔존의 가치가 크다. 시적 화자는 죽음이 자리한 "공원묘지 어둠"을 가로질러 나는 "반딧불이"에 공명하며 그들과 "친구"가 되어 노닐며 무명을 밝힌 환한 기쁨과 행복을 상상한다. 지혜가 허공에 길을 내는 일이라면 자비는 서로 친구가 되는 일이다. 자기가 비어 있지 않으면 타자가 그 속으로 들어올 수가 없다. 시적 화자는 자기를 비우는 수행으로 바깥의 사물과 공감하고 공락한다. 「봄을 드립니다」와 「산사의 봄소식」은 "산야에/ 도량에 찬란한 봄"을 노래하고 온갖 생명과 "다 함께/ 밝고 찬란한 환희 합창"을 부르는 광경을 말한다. 이처럼 덕진 스님은 붓다를 따라 깨달음의 길을 수행 정진하면서 지혜와 사랑으로 "화엄정토"(「태화강 국가정원」)를 염원한다. 그의 시는 이러한 깨달음과 수행의 과정을 표현한다.

| 덕진 |

경남 하동 출생. 영축총림 통도사 승려, 울산 정토사 회주. 1992년 『문학세계』에서 시로, 2007년 『한국수필』에서 수필로 등단했다. 시집 『문 없는 문을 열고』 『연꽃처럼, 햇살처럼』 『맑은마음 고운세상』 『바다처럼』 등과 산문집 『찾기 전에 누리는 행복』 등이 있고, 그 외 전문서적 『불교천자문』 등 다수가 있다. 유튜브 〈울산정토사〉를 운영 중이다.

전　화 : 052-258-9944
이메일 : jungtosa@hanmail.net

현대시 기획선 139
꽃길

초판 인쇄 · 2025년 9월 10일
초판 발행 · 2025년 9월 15일
지은이 · 덕진
펴낸이 · 이선희
펴낸곳 · 한국문연
서울 서대문구 증가로29길 12-27, 101호
출판등록 1988년 3월 3일 제3-188호
편집실 | 서울 서대문구 증가로31길 39, 202호
대표전화 302-2717 | 팩스 · 6442-6053
디지털 현대시 www.koreapoem.co.kr
이메일 koreapoem@hanmail.net

ⓒ 덕진 2025
ISBN 978-89-6104-395-3 03810

값 13,000원

* 잘못된 책은 바꾸어 드립니다.